KABBALAH Y SEXO

Copyright © 2007 Kabbalah Centre International

Todos los derechos reservados. Ninguna parte de esta publicación puede ser reproducida o transmitida en forma alguna, o por ningún medio, electrónico o mecánico, incluyendo fotocopiado, grabado o mediante ningún sistema de recuperación de datos electrónico o mecánico, sin el permiso por escrito de la editorial, excepto en el caso de un crítico que desee citar breves pasajes relacionados con un comentario para la inclusión en una revista, periódico o emisión.

Para más información:

The Kabbalah Centre
155 E. 48th St., New York, NY 10017
1062 S. Robertson Blvd., Los Angeles, CA 90035

1.800.Kabbalah
www.kabbalah.com/espanol

Primera Edición
Enero de 2007
Impreso en Canadá
ISBN 10: 1-57189-574-4
ISBN 13: 978-1-57189-574-5

Diseño: HL Design (Hyun Min Lee) www.hldesignco.com

KABBALAH Y
SEXO
Y OTROS MISTERIOS DEL UNIVERSO

YEHUDÁ BERG

K KABBALAH PUBLISHING

www.kabbalah.com/espanol

DEDICATORIA

A todas las parejas del mundo que están luchando para descubrir la verdadera intimidad y la pasión sexual.

A todos los que buscan amor en cuerpo, alma y espíritu. Para siempre.

AGRADECIMIENTOS

A todas las personas que hacen que mi vida sea cada día mejor: mis padres, el Rav y Karen; mi hermano Michael; mi mujer Michal y nuestros hijos; y mi querido amigo Billy.

ÍNDICE

1	**LIBRO UNO** **EN BUSCA DEL SÉPTIMO CIELO**
47	**LIBRO DOS** **EN EL COMIENZO... ¡HUBO SEXO!**
79	**LIBRO TRES** **ADÁN, EVA Y EL ADN DE DIOS**
101	**LIBRO CUATRO** **SEXO CON UNA SERPIENTE Y LA EXPULSIÓN DEL PARAÍSO**
141	**LIBRO CINCO** **ALMAS, PECADO, SEDUCCIÓN Y SEXO**
161	**LIBRO SEIS** **CÓMO EVITAR EL SEXO CON UNA SERPIENTE**
205	**LIBRO SIETE** **HERRAMIENTAS KABBALÍSTICAS PARA AUMENTAR EL PLACER SEXUAL**

/ LIBRO UNO
EN BUSCA DEL SÉPTIMO CIELO

¿DE QUÉ SE TRATA TODO ESTO?

Se trata de sexo. Todo. Siempre ha sido así. Comprender la sexualidad nos ayuda a entenderlo todo: desde la creación del universo hasta los misterios de Dios, desde el significado de la vida hasta la fórmula verdadera para obtener la plenitud.

En otras palabras, si sabemos de qué se trata el sexo, sabremos de qué se trata la vida. Al mismo tiempo, al entender de qué se tratan el sexo y la vida, sabremos cómo encender el placer e infundir pasión en nuestras relaciones. Y nos referimos nada menos que a la pasión y al placer que duran toda la vida ¡y con la misma pareja!

Es probable que no supieras que el sexo está cargado de un gran significado e importancia cósmica. Según las enseñanzas de la Kabbalah, esto es definitivamente así.

La antigua sabiduría de la Kabbalah es muy directa en todo lo referente al sexo, y con una buena razón. Los sabios kabbalistas nos han contado a lo largo de la historia que el acto sexual, de un modo mucho más intenso y profundo del que puedas imaginar, fue la causa del Big Bang, la creación de nuestro universo, hace 15.000 millones de años.

A propósito, la Kabbalah es la sabiduría más antigua del mundo. Abraham la utilizó para llegar a entender la interconexión de nuestro universo (la unidad de Dios) hace unos 4.000 años. Moisés utilizó la Kabbalah para dividir el Mar Rojo y para alcanzar un estado temporal de *cielo en la tierra* durante su ascensión al Monte Sinaí hace 3.400 años. Jesús fue un Kabbalista que intentó traer estas poderosas enseñanzas a las masas hace más de 2.000 años. También Platón, unos 2.300 años atrás, tomó prestadas algunas ideas de la Kabbalah. Posteriormente, Sir Isaac Newton, Henry More (el maestro de Newton) y otros grandes pensadores del Renacimiento utilizaron los antiguos libros de la Kabbalah como punto de partida para iniciar la revolución científica de los siglos XVII y XVIII. De hecho, uno de los descubrimientos más importantes de Newton sobre la estructura de la luz blanca se encuentra en su copia personal de *El Zóhar*, el libro más importante de la Kabbalah. *El Zóhar* de Newton, archivado actualmente en el Trinity College en Cambridge, fue evidentemente una fuente importante de inspiración.

Impresionante, ¿verdad?

Pero eso no es todo: además de encerrar todos los secretos de la ciencia y de revelar los misterios de la naturaleza, la Kabbalah contiene las claves para un sexo fantástico . . .

SI NO HAY CULPA, NO HAY VERGÜENZA

Hace ya tiempo que la religión relaciona el sexo con la vergüenza, la deshonra y la culpa. Desde el punto de vista religioso, el sexo se ve a menudo como un mal necesario que la humanidad se ve forzada a soportar para poder procrear. Reay Tannahill, erudita y autora del libro *El sexo en la Historia*, dice que fueron los primeros cristianos los que equipararon el sexo con el pecado:

> *Fue Agustín quien divulgó el sentimiento general entre los padres de la iglesia de que el acto sexual era fundamentalmente repugnante.*

Maimónides, el gran sabio hebreo, enseñó que las relaciones sexuales tenían el único propósito de permitir la procreación. Maimónides consideraba el placer sexual como algo horrible y vil.

Los kabbalistas tenían otro punto de vista. Para ellos, la satisfacción del cuerpo era tan sagrada como la satisfacción del alma. Después de todo, fue el Creador quien creó *ambos*: cuerpo y alma. Ésta es quizá una de las razones por las que el sistema religioso detestaba y temía a los kabbalistas.

LO SAGRADO Y LO SEXUAL

La Kabbalah nos promete una vida sexual asombrosa y satisfactoria, lo que probablemente sea mucho más de lo que te permitas imaginar. Porque, para ser honestos, en la mayoría de las relaciones el sexo placentero dura a lo sumo un año. Luego se convierte en rutina. Se vuelve aburrido. Para algunas parejas, la actividad sexual se convierte en algo parecido a una tarea doméstica.

Sin embargo, el sexo nunca fue concebido para ser así. Según la Kabbalah, Dios creó el sexo para que fuera una experiencia llena de pasión ilimitada, repleta de placer profundo y de excitación que deja sin aliento.

Es posible que ahora te estés preguntando:

¿Dios quiere que tengamos relaciones sexuales apasionadas?

Claro que sí. Según la Kabbalah, el sexo es la forma más poderosa de experimentar la Luz del Creador. También es una de las formas más poderosas de transformar el mundo. Sí, has leído bien: el sexo puede transformar el mundo. Los antiguos kabbalistas nos dicen que cuando la tierra se mueve debajo de ti mientras haces el amor apasionadamente, el mundo espiritual *también* tiembla y se mueve por encima de ti. Esto significa que el sexo tiene un poder que se extiende más allá de las paredes de tu habitación. La Kabbalah revela la forma en que nuestros momentos eróticos más intensos resuenan en el Cosmos, del mismo modo que una pequeña piedra produce ondas expansivas cuando es lanzada sobre la superficie del agua calma.

Exploraremos estas ideas en detalle más adelante. Por ahora, la pregunta principal es: Si Dios quiso que disfrutáramos de buen sexo y nosotros estamos de acuerdo con Dios, ¿por qué no tenemos buen sexo todo el tiempo durante nuestras relaciones? ¿Por qué el acto sexual está tan fuertemente ligado a la vergüenza, la culpa y el abuso?

Bienvenido al Libro *Kabbalah y Sexo*. Responder a estas viejas preguntas y solucionar el problema del sexo sin pasión es, precisamente, el propósito de este libro.

DOS HISTORIAS DE DESCONEXIÓN

Te presento a Michael. Él ha estado recientemente en el Séptimo Cielo por primera vez en su vida. El Séptimo Cielo, tal como veremos a continuación, es un lugar real; un reino de energía pura, cruda, desnuda. Cuando llegas allí, cuando tocas el Séptimo Cielo, el sexo es salvaje y locamente magnífico.

Michael necesitó 41 años para llegar allí. Y llegó gracias a la Kabbalah. Antes de su primer viaje al Séptimo Cielo, su búsqueda de placer sexual estaba reducida a los chats, la oficina de su secretaria y la privacidad de su baño; y por supuesto, en sus 11 años de matrimonio, también incluía alguna conexión ocasional con su esposa, Meredith.

Michael lo relata tal como fue:

> Yo era exactamente como el personaje de Kevin Spacey en la película *American Beauty*. A los pocos años de casarme, la electricidad había desaparecido. El sexo se había convertido en una rutina. Para mi esposa era casi una obligación, como pagar una hipoteca a fin de mes. Yo tenía mejor sexo conmigo mismo que con ella. Como necesitaba un poco de emoción, comencé a seducir a mi secretaria, a las amigas de mi esposa y a mis clientas: mucho contacto físico, besos y conversaciones *explícitas* sobre sexo. La verdad es que nunca me casé con la intención de ser infiel; pero pasados los primeros años, el sexo en casa no era suficiente.

Era un idiota egoísta, por lo que coqueteaba siempre que podía. Mi mejor amigo en aquella época estaba metido hasta el cuello: era infiel a su esposa y se acostaba con otras mujeres continuamente. Ninguno de nosotros encontraba la respuesta sobre cómo mantener una vida sexual tan buena y activa como al principio de la relación. Bueno, la verdad es que nunca se me ocurrió hacerme esta pregunta. Los dos buscábamos excitación sexual barata siempre que podíamos.

El aburrimiento sexual es un problema acuciante en la mayoría de las relaciones monógamas. Permanecer fiel a la pareja nos hace sentir atrapados, como si fuéramos forzados a conformarnos con menos.

UNA COMPETICIÓN

Te presento a Mark. En la actualidad, Mark tiene 45 años. Su vida sexual comenzó cuando tenía 14, mientras cursaba el noveno curso en una escuela de San Fernando Valley. Un día, durante la pausa del almuerzo, vio a una chica muy bella que llevaba unos pantalones naranjas muy ceñidos. Los amigos de Mark le dijeron que se llamaba Robin y que era la chica más *sexy* de la escuela. No pasó mucho tiempo hasta que Mark y Robin se convirtieron en la pareja de la clase del noveno curso, y también del duodécimo. Su relación duró casi cinco años, hasta que Mark leyó el diario íntimo de Robin. En dicho diario, Robin relataba que había tenido sexo con un hombre llamado John, y que inmediatamente después había tenido relaciones sexuales con un amigo de John. Mark enloqueció. Que él mismo hubiera tenido relaciones con más de 300 mujeres durante sus cinco años con Robin no le pareció importante; estaba celoso y se sentía inseguro. A partir de ese momento, Mark perdió la confianza en todas las mujeres. El sexo se convirtió para él en un deporte, más que en una oportunidad para crear una conexión plena.

Mark lo recuerda así:

El sexo era una carrera para llegar a la meta; competía con mis amigos para ver quién de nosotros tenía más sexo que los demás. Yo solía tener relaciones con dos o tres chicas distintas todas las semanas. En mi primer año en la universidad hice una lista: me había acostado con 382 chicas hasta ese momento. Incluso guardaba una descripción de lo que había pasado con cada una de ellas: *sexo oral en la biblioteca, dos chicas enrollándose en la playa, tres chicas en un solo día, dos o tres chicas diferentes al mismo tiempo.*

Tenía sólo 18 años, y lo peor todavía no había comenzado. Después de la universidad me mudé a Nueva York y abrí una agencia de modelos. Era la década de los 80 y yo ganaba mucho dinero. Aquellas mujeres eran más que atractivas, y tener sexo con una supermodelo era algo increíble. Pero entonces algo sucedió. El sexo normal ya no me producía orgasmos y comencé a tener sexo con dos modelos al mismo tiempo. Aunque mi novia fuera modelo de Victoria's Secret, yo necesitaba tener sexo con sus amigas. Cuando esto también dejó de excitarme, pasé a tener sexo con dos chicas mientras tomábamos cocaína. Luego se convirtió en sexo junto con nitrato de amilo. Al cabo de un tiempo, para sentir placer, tenía que masturbarme mientras dos chicas hacían lo mismo, todos bajo los efectos de la metanfetamina de cristal. Cuando eso tampoco fue suficiente, para llegar al orgasmo tenía sexo con dos chicas mientras ellas tenían sexo telefónico con desconocidos. Después de eyacular tomaba más drogas y concebía sexo aun más pervertido. Necesitaba cada vez más y todo estaba fuera de control. La sensación física de estar con dos o tres mujeres no era lo que me excitaba, sino la idea; llevar el sexo al límite me excitaba mentalmente.

Por las mañanas, después de estos festines de sexo, me levantaba en la más absoluta oscuridad; me sentía deprimido y destrozado. Ni siquiera puedo expresarlo con palabras. Durante una década dormía todo el fin de semana para poder recuperarme de las noches de los viernes.

Lo peor era que no tenía la más mínima relación con ninguna de estas mujeres. Antes de eyacular eran las criaturas más bonitas que Dios había creado, pero después del orgasmo me horrorizaban. Me fijaba en los pelos de sus brazos, o en que sus fosas nasales eran muy grandes, o en lo repulsivas que se veían sus encías cada vez que sonreían. Esos pequeños y estúpidos detalles que de repente me daban asco y me provocaban un sentimiento de rechazo. Sin embargo, a la noche siguiente, después de una raya de cocaína y la promesa de más sexo pervertido, se convertían de nuevo en las mujeres más bellas del mundo. Recuerdo que al final me asusté porque cada vez necesitaba más para excitarme. Me preguntaba lo lejos que podía llegar. *¿Permitiría a alguien (una mujer o un hombre) atarme, tener sexo conmigo y después golpearme hasta cansarse?*

Antes de llegar a ese punto acabé perdiendo mi negocio, y junto con él perdí todo lo demás. Estaba viviendo en mi coche. No tenía nada. Sin embargo, fue una bendición, ya que entonces encontré la sabiduría de la Kabbalah.

En este libro descubrirás por qué la mayoría de nosotros, si no todos, sentimos el impulso de buscar sexo pervertido, ir aumentando las fantasías y tener pensamientos cada vez más lascivos para sentir placer sexual. Pero existe una salida. Como verás, existe una forma de comprender cómo la Kabbalah inculcó un sentimiento de magia en Michael y sustituyó el aburrimiento y la rutina por la magia.

QUIEN ALGO QUIERE, ALGO LE CUESTA

Llegar a disfrutar de un buen sexo va a requerir trabajo duro, disciplina y fuerza interior. Si quieres provocar un cambio sustancial, primero deberás comprender cuál es el origen del sexo y el significado de la vida. En segundo lugar, conocer algunos de los principios de la Kabbalah es un requisito previo para volver a encender la pasión y el placer que sentiste cuando descubriste el sexo por primera vez. Por lo tanto, esto va a llevar un poco de trabajo, pero la recompensa es la plena satisfacción de tus deseos más profundos. Es posible que tengas que releer los capítulos varias veces, aunque éste es un precio muy bajo comparado con la transformación verdadera que experimentarás en todos los planos de tu vida sexual.

La primera parte de este libro está dedicada a crear una base sólida para comprender el origen del sexo y su propósito. La segunda parte te suministra herramientas prácticas para encender tu vida sexual. Personalmente te recomiendo seguir este orden. A todos nos gustaría saltarnos la primera parte, pero, si lo hacemos, estaremos sacando las herramientas de su contexto apropiado. La paciencia tiene su recompensa, especialmente cuando se trata de sexo . . .

ACERCA DE LA KABBALAH

La Kabbalah es como un mapa de los grandes misterios del universo. Es una colección de conocimientos antiguos y explicaciones que precede a la tecnología, las ciencias biológicas, la mecánica cuántica y la física. No obstante, los descubrimientos más asombrosos en estos campos ya se encontraban en la Kabbalah. Los secretos más sorprendentes de la ciencia y la medicina se escribieron hace muchísimos años en sus textos. Por ejemplo, la Kabbalah explicó el origen de la enfermedad cardiaca 2.000 años antes de que la ciencia médica llegara a la misma conclusión en el siglo XX. *El Zóhar*, el texto principal de la Kabbalah, lo dice claramente: "los bloqueos causados por el alto nivel de grasa en nuestra sangre tapan nuestras arterias y causan tanto infartos cardiacos como derrames cerebrales". Cuando un gran amigo mío, un cardiólogo muy conocido, leyó este pasaje de *El Zóhar*, se quedó boquiabierto.

Durante muchos siglos, los secretos de la Kabbalah se mantuvieron herméticamente guardados. Las enseñanzas kabbalísticas se transmitían de maestro a estudiante, de mentor a discípulo, y estaban restringidas a una selecta minoría masculina que los protegía rigurosamente. Sólo un grupo privilegiado podía acceder a su sabiduría.

Algunos kabbalistas creían que el estudio de la Kabbalah (junto con otros efectos poderosos) podía desatar una energía sexual demasiado potente y poderosa, de ahí que ningún hombre soltero pudiera acceder a sus enseñanzas.

Afortunadamente, el velo fue quitado. En el año 1541, el gran Kabbalista marroquí Abraham Azulai decretó que cualquier persona podía estudiar la Kabbalah, y que ésta podía circular libremente y debía divulgarse en el mercado abierto. A partir de ese momento, los kabbalistas se pusieron de acuerdo en que la Kabbalah debía simplificarse y difundirse con libertad, de modo que hasta un niño de seis años pudiera comprender sus enseñanzas.

Pasaron muchos siglos hasta que la Kabbalah finalmente llegó al mercado de las ideas, y ésta es la razón por la que hoy puedes leer un libro tan simple y práctico sobre el sexo y la Kabbalah. Todos aquellos que quieran explorar sus secretos están invitados a hacerlo. Abogados, médicos, artistas, representantes de ventas, estudiantes, constructores, niños y millones de personas en el mundo de distinta fe y procedencia están descubriendo con ilusión cómo utilizar la Kabbalah para atraer la Luz a sus vidas.

Hombres y mujeres de todas las edades, casados y solteros, idealistas y escépticos, pueden acceder a este interruptor de energía. La procedencia y las creencias que cada uno de nosotros poseemos no interfieren en la facultad de aplicar estas enseñanzas en nuestra vida. Cualquier persona que tenga pasión por explorar puede descubrir la capacidad que esta antigua tecnología posee para enriquecer y elevar nuestra vida moderna.

Pero he aquí una advertencia . . .

QUE SIRVA COMO ADVERTENCIA

La electricidad proporciona grandes beneficios a una ciudad. Todos nuestros hogares, hospitales y negocios dependen de esta gran fuerza. Intenta imaginar por un momento la vida urbana funcionando con la energía de una vela:

> Sin metros; sin luz eléctrica en las casas; sin hornos; sin refrigeradores; sin equipos estéreo; sin secadoras; sin tostadoras; sin televisores; sin energía en los hospitales; sin luces en los rascacielos; sin energía para los ascensores; sin Internet; sin computadoras; sin emisoras de radio; sin cines; sin películas. Nada, salvo las velas.

Las ventajas y comodidades que nos aporta la electricidad son indescriptibles; pero no por eso deja de ser extremadamente peligroso jugar con cables de alto voltaje. La electricidad también puede causar gran dolor: si introduces un dedo en el enchufe puedes morir electrocutado.

Pues bien, el poder de la Kabbalah debe respetarse de la misma forma que la electricidad. Si tu intención es utilizar esta sabiduría de forma egoísta, para satisfacer tu propio ego, entonces no te servirá de nada. Las puertas se te cerrarán. Generarás un cortocircuito y terminarás en la más absoluta oscuridad. Los conceptos se volverían confusos y no alcanzarás a comprenderlos.

Sin embargo, si tu propósito es enriquecerte espiritualmente a ti y a quienes están a tu alrededor, eliminar el caos, el dolor, el sufrimiento, el aburrimiento y el vacío de la vida, entonces la Kabbalah iluminará tu existencia con un circuito de energía sin fin.

Ya es hora de comenzar nuestro viaje de descubrimiento.

Nuestro destino: un lugar exótico llamado "el Séptimo Cielo".

¡UN LUGAR LLAMADO EL SÉPTIMO CIELO!

Vivimos en un mundo de fantasía, un mundo de ilusión. La gran tarea de la vida es encontrar la realidad.
—Iris Murdoch

El Séptimo Cielo es un lugar verdadero; no una fantasía remota en la mente de los poetas, filósofos y románticos incurables. El Séptimo Cielo es una dimensión específica que forma parte de la estructura del cosmos. Más antiguo que el tiempo, este reino invisible es ante todo la fuente de nuestros placeres más íntimos. Allí es donde nace la pasión, donde se crea la energía sexual cuando se hace el amor plenamente.

Cada vez que sientes un placer indescriptible has entrado en contacto con este reino.

Cuando llegas al clímax al hacer el amor, el placer que experimentas fluye desde el Séptimo Cielo. Cuando dos personas se besan y el éxtasis las envuelve, este éxtasis proviene de esta dimensión. Es la fuente de toda la excitación, la pasión y el placer que experimentas durante el acto sexual. Las zonas erógenas de tu cuerpo, incluyendo tu cerebro, son sólo antenas que sintonizan este reino y emiten su señal de placer a tu cuerpo.

Funciona de la siguiente forma: a través de una cortina que divide la realidad en dos reinos, conocidos como:

- **La Ilusión del 1 por ciento**
- **La Realidad del 99 por ciento**

LA ILUSIÓN DEL 1 POR CIENTO

Este reino está constituido únicamente por el 1 por ciento de la realidad verdadera. Es sólo una sombra, un reflejo de una realidad mucho más amplia. Tú conoces este reino muy bien; ríes y lloras en él, cantas y te lamentas en él; vives y mueres en él. *La Ilusión del 1 por ciento* es el mundo que experimentas con tus cinco sentidos.

También es el reino del sexo aburrido y desapasionado.

LA REALIDAD DEL 99 POR CIENTO

Este reino contiene el resto de la realidad y está oculto. No puedes ver ni tocar la *Realidad del 99 por ciento*. Hasta ahora, probablemente nunca hayas tenido noción de que existía. ¿Por qué es tan difícil de detectar este reino? Porque está del otro lado de la cortina.

Sin embargo, cada vez que te sientes feliz, te has conectado con él de alguna forma. Cuando los inventores inventan y los descubridores descubren, es porque se han conectado con la Realidad del 99 por ciento. Cuando los poetas escriben poemas y los músicos componen melodías, sus obras de arte ya estaban completadas y esperándoles en la Realidad del 99 por ciento. Todo lo que los poetas y músicos hacen es establecer contacto.

Lo mismo te sucede a ti. Cada vez que te conectas con uno de los principios presentados en este libro, tu alma se ha conectado satisfactoriamente con la *Realidad del 99 por ciento*, ¡tal y como lo estás haciendo en este momento! Cada vez que sientes felicidad, o un sentimiento de confianza, valentía o erotismo, tu alma ha accedido a este reino oculto.

En definitiva, toda la felicidad, el placer y la sabiduría que buscamos fluyen continuamente a través de la Realidad del 99 por ciento.

La Kabbalah tiene una palabra para toda esta felicidad y sabiduría. Esa palabra es *Luz*.

QUÉ ES LA LUZ

La metáfora de la *luz* nos ha acompañado durante siglos, con diferentes significados según el contexto. Durante miles de años, la idea de la Luz ha sido asociada con algún tipo de revelación en la conciencia humana. Las grandes religiones se refieren a la *luz de la fe*; y lo mismo hacen los predicadores actuales cuando hablan de *ver la luz*.

Incluso cuando a un personaje de los dibujos animados de los sábados por la mañana se le ocurre una gran idea, ¿qué imagen aparece sobre su cabeza? ¡Una bombilla de luz!

La definición más antigua de la Luz pertenece a la Kabbalah; es la más específica y al mismo tiempo es profundamente simple: cualquiera que sea la sabiduría que deseas, el tipo de felicidad que persigues, y la clase de plenitud que anhelas, *todas* ellas están incluidas en el concepto kabbalístico de la Luz.

Luz es una palabra que lo abarca todo, que lo incluye todo. Así como la luz del sol contiene todos los colores del arco iris, la Luz a la que se refiere la Kabbalah contiene una variedad infinita de sensaciones alegres, desde la alegría de comer un pedazo de chocolate hasta la alegría del sexo. Si Michael y Meredith hubieran tenido Luz en su relación, sus necesidades sexuales habrían sido satisfechas al máximo. Si Mark hubiera tenido Luz en su vida, nunca habría necesitado una línea de polvo blanco para disfrutar de sus encuentros íntimos. La tristeza, el odio a uno mismo y la falta de espiritualidad sólo pueden gobernar nuestra sexualidad cuando carecemos de Luz en nuestras vidas. Es tan simple como eso. Lo que nos lleva a considerar . . .

DE DÓNDE PROVIENE LA LUZ

Esta increíble Luz irradia de una fuente única e infinita que los kabbalistas (y la mayoría de las otras personas) llaman Dios. De hecho, la Kabbalah nos dice que cuando todas las religiones del mundo y todas las doctrinas espirituales de la civilización se refieren a Dios, se están refiriendo, en realidad, a esta energía increíble, a esta Luz extraordinaria.

La Kabbalah no habla directamente de Dios por una buena razón: Dios es una fuerza que sobrepasa lo infinito y que es mucho mayor de lo que la mente humana puede concebir. En pocas palabras, no es posible que una mente finita pueda llegar a comprender una fuerza infinita.

Piensa en el sol. Si te colocaras directamente al lado de ese horno nuclear que es nuestro sol, te quemarías en un instante. Intentar comprender el concepto de Dios es como intentar conectarse a la fuente de la luz solar. Pero la energía que fluye del sol, la luz solar, es una fuerza a la que sí puedes conectarte. De hecho, la luz del sol es la razón por la que nosotros existimos; nos da vida, nos nutre y nos da energía y placer. La humanidad recibe el don de la vida física y el alimento de la *luz* del sol, no del núcleo interno de esa bola de fuego.

Según la Kabbalah, Dios trabaja de la misma manera. La energía que fluye de Dios es la Luz que nos da vida, placer, inspiración, comodidad y placer sexual. Y eso nos lleva a preguntarnos...

¿DÓNDE ESTÁ LA LUZ?

Esta Luz increíble llena el cosmos e impregna toda la realidad; satura toda la existencia humana. Está dentro de ti y está alrededor de ti. Del mismo modo que la electricidad penetra en todos los espacios de tu hogar, la Luz penetra en todos los espacios de tu vida. Del mismo modo que la electricidad mantiene tu corazón latiendo y tu cuerpo funcionando, la Luz da vida a tu cuerpo y a tu alma. Las enfermedades, la depresión y la muerte sólo pueden tener lugar cuando la Luz está ausente en tu vida.

Y todo esto nos lleva a la pregunta que ha intrigado a hombres y mujeres durante siglos, desde el origen de la civilización, desde el primer beso y abrazo a la luz de la luna.

LA PREGUNTA:
Si la Luz está en todos lados, ¿por qué disminuyen la pasión y la energía sexual en nuestras relaciones?

LA RESPUESTA:
Porque, de alguna forma, nos desconectamos de la Luz.

LA DESCONEXIÓN CREA DESCONTENTO SEXUAL

Cuando conectas una lámpara en un enchufe de tu casa, accedes a la fuerza de la electricidad y la luz se enciende. Si desconectas la lámpara de su fuente de energía, la oscuridad regresa. Aun cuando estás sentado en la oscuridad, la electricidad *todavía está allí*. Nunca se marchó.

La vida funciona de la misma manera.

La Luz que enciende nuestra vida sexual se apaga cuando nos desconectamos inadvertidamente de la Realidad del 99 por ciento. Y cuando nuestra conexión con esta fuerza espiritual invisible de la Luz se interrumpe, nuestros deseos sexuales se vuelven insaciables. No nos sentimos satisfechos. Así es como tanta gente — Mark, por ejemplo— emprende la escalada en sus aventuras sexuales. Empezamos a perseguir lo extremo y a buscar el destello de la Luz en otras partes. Para compensar la ansiedad y oscuridad que están creciendo dentro de nosotros, nos sentimos obligados a buscar formas más extremas, arriesgadas y brutales de experimentar placer. ¿En qué conductas nos refugiamos para volver a sentir placer cuando nos desconectamos del Reino del 99 por ciento?

    Coqueteo
    Masturbación
    Sexo cibernético
    Sexo telefónico
    Pornografía

Adulterio
Sexo en tríos
Intercambio de parejas
Sexo bajo el efecto de sustancias químicas

Éstas son sólo algunas de las formas en que intentamos satisfacer nuestros deseos carnales cuando el sexo tradicional y habitual con nuestra pareja deja de satisfacernos.

También hay personas que simplemente se abstienen del sexo cuando se ha perdido la excitación. Renuncian a sus deseos, aceptan una forma de vida sexual carente de pasión, pensando que forma parte del desarrollo natural de la vida. Entonces buscan la felicidad en otras áreas de la relación: en el placer de los negocios, en sus carreras, en aventuras turísticas o cualquier otro pasatiempo.

Pero un kabbalista nunca se conforma con menos. Según la Kabbalah, ¡podemos tenerlo todo! Y debemos tenerlo todo, porque éste es el propósito de la Creación. Nuestra tarea es aprender cómo volver a conectarnos con ese reino oculto llamado *el 99 por ciento*.

LA CONEXIÓN CREA SATISFACCIÓN SEXUAL

Cuando nos conectamos con la Realidad del 99 por ciento, experimentamos felicidad, incluyendo la satisfacción sexual. Al estar conectados con esta realidad oculta, la excitación sexual siempre es poderosa: la emoción del próximo encuentro es sobrecogedora; el juego previo es eléctrico; el orgasmo te deja sin aliento.

Cuanto más intensa sea tu conexión con esta fuente invisible de poder, más destellante será tu vida sexual. Por la misma razón, cuanto más débil sea tu conexión, más aburridos y menos excitantes serán tus encuentros sexuales.

Veamos cómo funciona todo esto, echando un vistazo detrás de la cortina que esconde el 99 por ciento de la Realidad absoluta.

UNA MIRADA TRAS LA CORTINA

Si pudiéramos echar un vistazo tras la cortina que oculta la Realidad del 99 por ciento, esto es lo que veríamos: nueve dimensiones adicionales. Si incluimos nuestro universo físico, entonces hay diez dimensiones en total.

Detengámonos por un momento y pensemos en lo siguiente. ¿Puedes imaginarte diciendo a alguien hace 2.000 años que la realidad está formada por diez dimensiones? Sería como tratar de explicar el funcionamiento del fax o de Internet a una persona que vive en el siglo XIX. Te llamarían místico o loco, que es exactamente lo que ocurrió.

Hace dos mil años, cuando los kabbalistas dijeron que la realidad estaba compuesta por diez dimensiones, el sector religioso les llamó místicos y chiflados. Sin embargo, la ciencia ha confirmado esta antigua verdad relativa a las diez dimensiones. Aquellos kabbalistas, lejos de estar locos, fueron visionarios cuyos conocimientos de la naturaleza de la realidad y de la creación del universo, así como la causa de las enfermedades cardiacas, han sido confirmados por la física y la medicina modernas.

Exploremos ahora la idea de las dimensiones ocultas. Los kabbalistas nos dieron la siguiente ilustración para ayudarnos a comprender la idea de la realidad de las diez dimensiones.

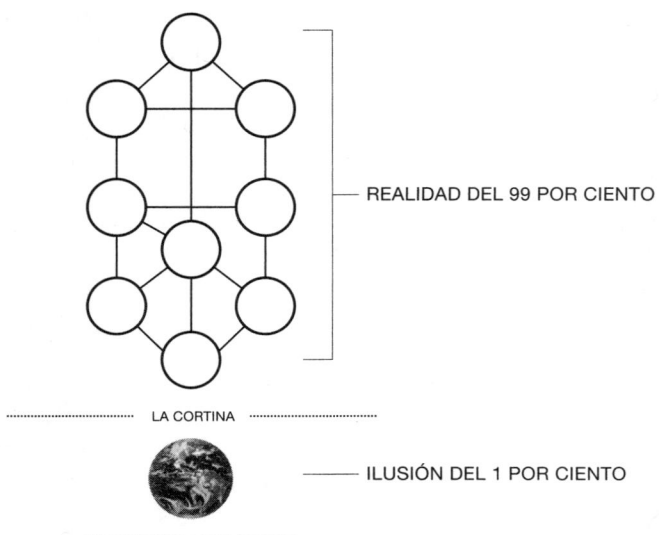

```
                    ┐
                    │ REALIDAD DEL 99 POR CIENTO
                    │
                    ┘

........ LA CORTINA ........

                    ── ILUSIÓN DEL 1 POR CIENTO
NUESTRO UNIVERSO
```

Tal como puedes observar, el universo que conocemos, incluyendo la Tierra, representa la *Ilusión del 1 por ciento*. Una cortina nos separa de las otras nueve dimensiones que conforman la *Realidad del 99 por ciento*. Esta cortina está formada por los límites de nuestros cinco sentidos, que sólo pueden detectar el 1 por ciento de toda la realidad.

Pero cuando traspasamos la cortina y entramos en estas dimensiones invisibles, nos conectamos con la Luz. Pronto aprenderás cómo hacerlo. Primero debes comprender lo siguiente: así como una bombilla puede brillar con distintos niveles de luminosidad — 25, 100 ó 1.000 vatios—, la Luz del 99 por ciento también tiene diferentes intensidades. La dimensión conocida como el Séptimo Cielo proporciona la Luz más brillante cuando se trata de relaciones sexuales.

LA UBICACIÓN DEL SÉPTIMO CIELO

Si cuentas siete dimensiones hacia arriba, encontrarás el reino al que accedemos cuando el éxtasis sexual fluye en nuestras vidas: el Séptimo Cielo.

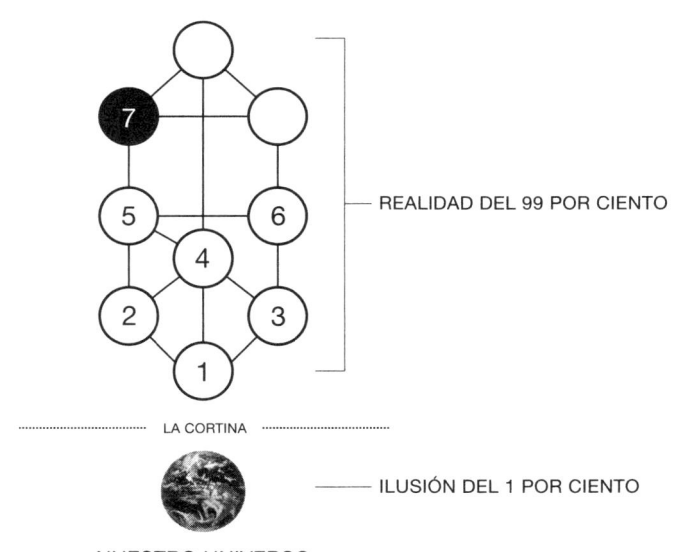

```
        7
      5   6
        4
      2   3
        1
```

REALIDAD DEL 99 POR CIENTO

LA CORTINA

ILUSIÓN DEL 1 POR CIENTO

NUESTRO UNIVERSO

Los kabbalistas nos explican que este reino es el almacén, la fuente, el depósito, la reserva, el suministro y la caja fuerte de toda la energía espiritual y sexual que impregna nuestra existencia. Cada vez que entramos en contacto con esta dimensión, extraemos de este pozo de deseo y experimentamos el placer sexual. Nosotros lo conocemos como orgasmo.

LA SATISFACCIÓN DEL JUEGO PRELIMINAR

Antes de llegar al orgasmo, el ser humano experimenta un placer creciente, una excitación que va en aumento y una emoción que se expande rápidamente por todo el cuerpo. En ese momento de excitación, durante los llamados juegos preliminares, tu cuerpo y tu mente están en realidad atravesando la cortina de este mundo físico y entrando en la Realidad del 99 por ciento. A medida que tu alma va ascendiendo por las dimensiones, el placer que experimentas es cada vez mayor. Cuando tu alma llega al Séptimo Cielo, tu cuerpo se desinhibe. Entonces alcanzas el orgasmo, a la vez que saboreas un pedazo de lo Divino. Después del orgasmo, tu alma desciende rápidamente hasta el mundo físico. Éste es el momento en que enciendes un cigarrillo, buscas algo de comer en la cocina o te acurrucas y te acomodas para dormirte.

Estas dimensiones ocultas habrían sonado como algo muy místico hace unos miles de años. Sin embargo, es notable cómo la ciencia continúa confirmando aquello que los kabbalistas revelaron hace tantos siglos.

LA CIENCIA SE TROPIEZA CON EL SÉPTIMO CIELO

Los físicos modernos se centraron en el enfoque de la realidad de diez dimensiones cuando desarrollaron una nueva y notable teoría, denominada *la teoría de las supercuerdas*: la hipótesis principal más reciente del pensamiento científico que apoya la existencia del Séptimo Cielo.

Voy a resumirla de modo simple. Básicamente, *la teoría de las supercuerdas* permite a los científicos conectar dos grandes teorías —que funcionan en sus respectivos campos y que de otra forma no habrían podido relacionarse—: la *mecánica cuántica* (que trata del mundo subatómico de los protones, electrones y neutrones) y *la teoría de la relatividad* (teoría general de Einstein, que trata del universo que percibimos con nuestro cinco sentidos).

Inicialmente, la idea de las diez dimensiones contenida en *la teoría de las supercuerdas* desconcertó al mundo científico. El propio físico John Schwarz de Caltech, uno de sus descubridores, explicó en un documental televisivo de la PBS que toda la idea de las diez dimensiones era bastante difícil de creer, incluso para sus colegas.

En el mismo programa de TV, la física Amanda Peet expresó:

> *Las personas que han dicho que existen dimensiones adicionales en el espacio han sido llamadas excéntricas. Pues bien, la teoría de las supercuerdas en realidad lo predice.*

Muchos experimentos han comprobado la validez de la teoría de las supercuerdas y la idea de las diez dimensiones. Cuando el Dr. Michio Kaku, una autoridad internacionalmente reconocida de la física teórica, supo acerca de la descripción kabbalística de las diez dimensiones y otros conceptos de la Kabbalah relacionados con la creación del universo, declaró:

> *Soy un físico teórico y me gusta decir que sigo el camino de gigantes como Albert Einstein. Aunque no soy filósofo, estoy deslumbrado por el hecho de que muchos de los misterios básicos que encontramos en la teoría de las supercuerdas parecen estar reflejados en la Kabbalah.*

Ahondar en la teoría de las supercuerdas escapa al propósito de este libro. Sin embargo, hay algo muy intrigante y relevante en la idea de las dimensiones ocultas: existe una realidad que vemos y una que no vemos. La Kabbalah dice que la realidad que vemos es una mera ilusión, una sombra, y que representa sólo el 1 por ciento de todo lo que existe. El reino que no vemos es la verdadera realidad. El sexo, según la Kabbalah, refleja estos dos reinos.

Veamos cómo.

DEFINICIÓN DE SEXO

Los humanos son seres profundamente sexuales. La Kabbalah dice que nuestro instinto sexual es el motor que impulsa todos los esfuerzos humanos. Lo reconozcamos o no, todos nosotros tenemos una tremenda energía innata, una capacidad intensamente profunda de deseo y placer físico. De hecho, estamos hechos de deseo. Deseamos aceptación, amor, plenitud, emoción, sabiduría, amistad, compañerismo y reconocimiento; deseamos alimento, bebida, placer, juegos y buen sexo. Según los kabbalistas, el deseo sexual es el más fuerte de todos los deseos humanos.

Independientemente de nuestra formación religiosa, filosofía personal o experiencias pasadas, todos somos, principalmente, seres sexuales pasionales. Y tal como existen dos reinos, la Ilusión del 1 por ciento y la Realidad del 99 por ciento, también existen dos tipos de sexo:

- **El Sexo del 1 por ciento**
- **El Sexo del 99 por ciento**

SEXO DEL 1 POR CIENTO

El "sexo" que satura la publicidad y que tanto se muestra por televisión o en las revistas, y que pretende hacernos creer que *evoca lo verdadero*.

Pero ni siquiera se le parece.

De hecho, casi todo el "sexo" que nos rodea en nuestra cultura ni siquiera es sexo; es comercio disfrazado de gala. Podría decirse, pues, que las imágenes *sexy* del mercado de masas son al sexo verdadero lo que el grito de un loro es a la voz de Celine Dion o Andrea Bocelli: una imitación cruda e inadecuada del original.

EL SEXO COMO DEPORTE

El tipo de olimpíadas sexuales en las que competía nuestro amigo Mark cuando rivalizaba con sus amigos en el instituto es lo que llamamos el *sexo como deporte*. Todo se basa en la conquista, no hay nada más que eso. Es una medalla en tu uniforme, un trofeo en tu estantería, una "X" marcada en la columna de ganancias. En esta forma de sexualidad no hay una intención de desarrollar y alimentar una relación amorosa ni de compartir.

Es el sexo en el sentido más superficial y externo de la palabra. Es el Sexo del 1 por ciento. Da placer al cuerpo, pero el corazón y el alma quedan vacíos.

EL SEXO COMO UNA BÚSQUEDA DEL PLACER PROPIO

Carrie estudió informática y electrónica en la universidad y se convirtió en ingeniera informática de redes. A medida que iba creciendo, solía hacerse preguntas sobre la vida, pero nunca encontraba respuestas verdaderas.

Carrie comparte su historia:

> Durante toda mi vida busqué respuestas. Les preguntaba a mis padres y maestros: "¿Por qué estamos aquí?"; pero nadie me contestaba algo coherente. Al final llegué a la conclusión de que si la vida no tenía un propósito, ¿por qué no pasarlo lo mejor posible y tratar de encontrar la alegría y la felicidad? En mi mente, lo lógico era tratar de divertirme al máximo. Y cuando tenía 18 años, eso era lo único que quería. Lo que realmente me excitaba era hacer cosas prohibidas. Así que, en cuanto lograba escabullirme de la supervisión de mis padres, iba en busca de las circunstancias más descontroladas. Y como estaba abierta y predispuesta a ello, las oportunidades se me presentaban muy fácilmente.

Conocí a una chica que se convirtió en mi mejor amiga y me llevó a muchas fiestas, donde siempre me presentaba chicos. Yo estaba segura de que estaba lista para probarlo todo. No me importaba si se trataba de droga, sexo con mujeres u orgías. Una vez, mi amiga me invitó con su novio a su casa. Tomamos éxtasis, y cuando empezamos a sentir el efecto de las drogas, ella empezó a besarme. La idea de una chica besándome mientras su novio me miraba me llevó hasta el cielo. Podía ver toda la escena como desde afuera. Me excitaba porque no estaba permitido; mi adrenalina subía como la espuma. Tuvimos sexo oral y ahí fue cuando su novio se nos unió. Lo recuerdo como algo salvaje, una mezcla de brazos, piernas y labios, como si todos fuéramos una sola persona. ¡Fue increíble!

Después, cuando se me pasó el efecto de las drogas, algo sucedió durante el transcurso de nuestro trío: comencé a estar celosa de mi mejor amiga y de su novio. Y ella comenzó a sentir celos de mí. Y él, de ella. Surgieron entre nosotros sentimientos de engaño, desconfianza y envidia. Me sentía malhumorada y deprimida todo el tiempo. Necesitaba atención todo el tiempo. De repente, sentía ganas de lastimar a la persona que más quería. Tenía adicción a esta relación, al estímulo mental del trío sexual, a la excitación del momento y a las drogas que multiplicaban las sensaciones por mil. Y aunque cada vez todo se volvía más destructivo y oscuro, no podía cortar mi adicción.

Una noche volvimos de una fiesta y mi amiga se quedó dormida. Su novio comenzó a tocarme y tuvimos sexo en la misma cama en la que mi amiga estaba durmiendo. Sabía que aquello estaba mal y que estaba prohibido, y eso era precisamente lo que me excitaba. Nuestra amistad se destruyó esa noche. Ella no pudo aceptarlo.

Esta relación de trío nos proporcionaba sexo placentero, pero al mismo tiempo se acabó convirtiendo en algo totalmente autodestructivo. La historia se repetía una y otra vez. Al principio de la relación el sexo salvaje era increíble, pero luego se convirtió en una relación oscura y destructiva; hasta que rompió mi corazón. Sentía que no podía confiar en nadie más. Llegué a un punto en el que todo era dolor, y ese dolor me impedía sentir el efecto de las drogas. Ya ni las drogas ni el sexo me excitaban.

Conseguí un puesto muy importante como ingeniera en computación. En la compañía me vestía con elegancia, todos me veían joven y prometedora, y tenían una gran confianza en mi potencial. Así era durante el día. Por la noche me convertía en una mujer promiscua; me acostaba con cualquiera. Tenía una doble vida. El dolor de esta vida se volvió tan insoportable que dejé de comer durante medio año. Me quedé en mi casa deprimida durante seis meses. Esta crisis me sumió en una oscuridad muy intensa.

El testimonio de Carrie es inusual no por sus escapadas sexuales, sino porque pudo atar los cabos. ¿Qué quiere decir esto? Carrie tuvo la sensación de que sus crisis, sus brotes de depresión y sus sentimientos de venganza estaban conectados de alguna forma con sus acciones. La mayoría de las personas no logra ver esta conexión; generalmente no conseguimos relacionar nuestros momentos oscuros con nuestro propio comportamiento. Vemos caos en lugar de orden, creemos que las cosas en la vida suceden al azar y que no tienen un propósito. Sin embargo, Carrie pudo ver que su comportamiento estaba de algún modo contribuyendo a su propio dolor, y esto la ayudó a considerar el estudio de la Kabbalah.

EL SEXO COMO ACEPTACIÓN

Kate ha estudiado Kabbalah durante los últimos diez años. Hoy está felizmente casada y tiene cuatro hijos. Antes de acceder a la sabiduría kabbalística, el sexo no significaba amor verdadero para ella; lo veía como algo puramente físico y superficial. No existía nada más que el acto en sí mismo. Así lo relata Kate:

> El sexo nunca fue para mí algo más que una manera de obtener amor. Nunca se trataba de mí. Nunca me preocupaba de mí misma. El sexo me validaba como persona, por lo que no tenía restricciones ni límites. El cielo era el límite. Y no me

importaba porque me sentía totalmente vacía. Sin embargo, cuanto más sexo tenía, más vacía me sentía y más avergonzada estaba de mí misma. Era un círculo vicioso, y me hacía sentir muy triste.

Mi baja autoestima me hacía entregarme por nada con la esperanza de que alguien descubriera quién era realmente y me amara por ello. Sin embargo, ocurría todo lo contrario, y a menudo tenía que enfrentarme a situaciones degradantes, tras las cuales terminaba sintiéndome aun peor conmigo misma. En cada ocasión pensaba: *quizá esta vez* . . . Pero esa vez nunca llegó. Era muy doloroso. Y lo peor era que no podía darme cuenta de lo que estaba pasando: no podía ver el patrón, ya que pensaba en cada situación como aislada de las demás. Finalmente llegué a creer que no era digna de ser amada.

Cuando comencé a estudiar la Kabbalah, empecé a entenderme a mí misma y a comprender la naturaleza del universo y del sexo. Aprendí a no entregarme tan libremente. Encontré mi dignidad. Aprendí a amarme a mí misma y encontré alegría, amor profundo y pasión. Fue un cambio sorprendente: antes, una docena de parejas distintas seguían dejándome vacía y me hacían sentir sin valor; ahora, una sola pareja, es decir mi esposo, me otorga la satisfacción total. Si hubiera comprendido de niña en qué consistía el sexo realmente, habría cuidado mejor de mí misma hasta encontrar a mi actual pareja, que es mi verdadera alma gemela. Y además me habría ahorrado mucho dolor.

El SEXO DEL 1 POR CIENTO ES SIEMPRE SEXO VACÍO

La auténtica aventura del sexo no está basada en la cantidad de parejas, ni en una persecución elaborada y estudiada, con todo lo estimulante o erótica que ésta pueda ser. Según la Kabbalah, el sexo tiene el poder de generar una energía intensa y de elevar la conciencia. Sin embargo, sentirse excitado no es suficiente. Los animales también son capaces de sentir excitación física sin ninguna planificación. Es fundamental tener el coraje y enfocarse en la sintonización.

El sexo desconectado y carente de sintonización entre dos personas absortas en sí mismas es sexo incompleto. Se siente pequeño, porque disminuye la intimidad física a sus posibilidades más limitadas, haciendo que el acto se torne vacío y muchas veces predecible y hasta aburrido. Como una mala copia de una obra de arte: es una réplica, pero no tiene ni la visión ni la inspiración que dan grandeza al original.

El sexo que está separado de tu ser interior y de tu pareja no te permite experimentar el tipo de conexión que evoca una sensación de cielo en la tierra.

CHISPAS MOMENTÁNEAS, DESPUÉS APAGÓN

Imagina que estás solo en una habitación oscura y rodeado de lámparas. Cada vez que enciendes una lámpara, se produce un cortocircuito: una chispa brillante ilumina momentáneamente la habitación, pero después ésta vuelve a quedar en la oscuridad más absoluta. La conexión de la bombilla a la corriente eléctrica tiene una vida breve porque la bombilla es defectuosa. Así que, para dar luz a tu cuarto, te ves en la obligación de ir encendiendo una lámpara tras otra, capturando un momento de claridad y luego perdiéndolo al instante.

¿Recuerdas a Michael? El coqueteo de Michael era muy similar a esto. Michael no establecía verdaderas conexiones con la Realidad del 99 por ciento, sino que producía chispas momentáneas en la oscuridad. Los episodios de Carrie y Kate también tenían una vida breve en cuanto a la creación de plenitud. Mark padecía el mismo problema. Para volver a capturar un momento de placer, Mark debía pasar de un cortocircuito a otro, repitiendo el mismo patrón una y otra vez; de este modo conseguía mantener un poco de Luz en su vida. Todos nosotros hacemos esto; es lo que nos sucede todos los días. La emoción se apaga, la diversión se evapora, el entusiasmo desaparece y el placer va disminuyendo gradualmente. Cuando esto ocurre, nos apuramos a encontrar el próximo momento de gratificación inmediata, en vez de intentar aprender a establecer una conexión duradera y permanente con la fuente de todo el placer: el 99 por ciento.

Si Mark hubiera sabido cómo establecer una conexión perdurable con la Luz, nunca habría necesitado "tres chicas" para excitarse cuando "dos chicas" ya no lo lograban. Tampoco habría necesitado dos mujeres, porque su novia lo habría excitado. Si Carrie hubiera sabido cómo conectarse con el 99 por ciento, nunca habría sentido la necesidad de acostarse con el novio de su amiga.

Con respecto a estos últimos comentarios . . .

ENTIENDE BIEN ESTE CONCEPTO

La perspectiva kabbalística no se enfoca en la moral o la ética cuando se trata de parejas múltiples o cualquier forma de sexo salvaje o pervertida. En otras palabras, la Kabbalah *no* está diciendo que está moralmente o éticamente mal tener dos o tres parejas sexuales al mismo tiempo. No te confundas. La Kabbalah no tiene nada que ver con la ética ni se propone impartir ninguna moral. La Kabbalah *sólo* se ocupa de la energía: específicamente de cómo conectarse a la energía de la forma más poderosa.

Por lo tanto, el mensaje es: Si Mark o Carrie se hubieran conectado satisfactoriamente con la energía y la Luz de la Realidad del 99 por ciento, no habrían sentido la necesidad de tener dos o tres parejas para experimentar la genuina excitación sexual. Una conexión verdadera con el 99 por ciento habría dado a Mark todo el placer sexual con el que siempre soñó. Y lo que es aun más importante: ambos habrían evitado las crisis y la oscuridad que tanto los afligió, por las razones que discutiremos en breve.

Tal como puedes observar, no se trata de moral. Se trata de obtener una mejor ganancia de tu inversión. La única razón por la que una persona prueba una y otra vez formas alternativas de aumentar su placer sexual, ya sea con pornografía, orgías o sexo bajo el efecto de las drogas, es que no está tan satisfecha sexualmente como lo estaba al principio. Y, precisamente, fuimos creados para sentirnos satisfechos. La Kabbalah es simplemente una tecnología que nos muestra *cómo* obtener la mayor plenitud posible, ¡y cómo *mantenerla*!

Si has comido algo que te ha dejado totalmente saciado, hasta el punto en que sientes que tu estómago va a explotar, ¿tienes deseos en ese momento de comer dos o tres platos más? Según la Kabbalah, el gran problema del Sexo del 1 por ciento es que te deja muerto de ganas de tener más excitación sexual. También hay cantidad de efectos secundarios desagradables asociados con el Sexo del 1 por ciento. No logra el objetivo principal, que es la plenitud constante en la vida, y ésta es la razón por la que los kabbalistas no lo apoyan.

El Sexo del 1 por ciento te confina a esta tierra; carece de cualquier forma de conexión profunda con el alma. Es apasionado al principio, pero se va haciendo cada vez más aburrido a medida que pasa el tiempo.

Sin embargo, *existe* una forma de sentirse completamente pleno y satisfecho, mucho más de lo que podemos llegar a imaginarnos.

EL SEXO DEL 99 POR CIENTO

Al otro lado del espectro se encuentra el *Sexo del 99 por ciento* o lo que nosotros llamamos el *buen sexo*. El buen sexo es desordenado, amorosamente salvaje, vibrante y lleno de placer multisensorial. Podríamos decir —con una dosis de humor— que *buen sexo* es lo que la mayoría de nosotros pensamos que todos los demás tienen.

El buen sexo te anima a ser audaz, juguetón, y a liberarte de las inhibiciones. Durante el buen sexo canalizas tus impulsos esenciales, tienes momentos en que ni siquiera reconoces a tu "yo habitual". El buen sexo se siente como la primera vez, aun después de décadas de estar con la misma persona.

El Sexo del 99 por ciento es totalmente trascendental. Te lleva hasta el Séptimo Cielo y te entrega alegría y pasión en cantidades infinitas, dando placer al cuerpo y plenitud al alma.

Después del Sexo del 99 por ciento no sientes vergüenza; no te sientes frío, ni vacío, ni raro, ni oscuro, ni tu pareja te es indiferente. Existe un significado, una conexión. Cada paso del camino tiene importancia: desde el primer beso hasta el último abrazo. Son dos almas que forman una sola. Y ahí está la clave: el alma.

EL PRIMER SECRETO DEL BUEN SEXO

La gran clave para tener un buen sexo es conectarse con la Realidad del 99 por ciento, más específicamente, con el Séptimo Cielo. ¿Cómo lo logramos?

Nuestra *alma* es uno de los enlaces que nos conecta con el Séptimo Cielo. Por lo tanto, el sexo sin alma nunca nos dará pasión y placer duraderos.

¿Y cómo comenzamos a tener sexo con el alma? El sexo con alma es el Sexo del 99 por ciento. El sexo sin alma es el Sexo del 1 por ciento, que sólo tiene en cuenta el cuerpo y la gratificación inmediata y egoísta. Eso es todo. El sexo con alma o Sexo del 99 por ciento tiene en cuenta a alguien más importante que tú mismo: *¡tu pareja!* También tiene en cuenta el resto del universo y el sentido de la vida.

Examinemos estas ideas con más detalle.

La experiencia del Sexo del 99 por ciento empieza con el entendimiento de que existe una conexión íntima entre el vasto universo que está ahí fuera y nuestra vida sexual personal. Ésta es una idea muy importante en la Kabbalah, y por eso vale la pena repetirla:

> **Existe una conexión íntima entre el vasto universo que está ahí fuera y nuestra vida sexual personal.**

¿Cuál es esa conexión? Encontrarás la respuesta en el Libro Dos, que está a continuación. Pero primero vamos a dar un repaso a las ideas kabbalísticas esenciales que hemos presentado en el Libro Uno.

LAS IDEAS ESENCIALES DEL LIBRO UNO

- El deseo es la esencia del ser humano.

- De todos los deseos humanos, el deseo sexual es el más fuerte.

- El objetivo fundamental de nuestros deseos es lo que llamamos *Luz* (satisfacción, alegría, felicidad, ya sea social, sexual, emocional, espiritual o física).

- La Luz que buscamos en el sexo se encuentra en una dimensión especial de la *Realidad del 99 por ciento* conocida como el *Séptimo Cielo*.

- Cuando nos conectamos con la Realidad del 99 por ciento, obtenemos placer y plenitud sexual.

- Cuando nos desconectamos, nos sentimos vacíos y frustrados. De alguna forma, estamos constantemente en cortocircuito y perdemos la conexión con este reino.

- Existen dos tipos de sexo: Sexo del 99 por ciento y Sexo del 1 por ciento.

- El *Sexo del 1 por ciento* te mantiene anclado en este mundo físico de dolor y de sexo sin pasión. El *Sexo del 99 por ciento* te conecta con el Séptimo Cielo.

Éstas son las ideas más importantes de nuestra primera sección, y si te detienes un momento y reflexionas . . .

TE LLEVARÁN INEVITABLEMENTE A PLANTEARTE LAS SIGUIENTES PREGUNTAS:

¿Cómo y por qué nos desconectamos del Séptimo Cielo?

¿Cómo podemos restablecer una conexión duradera con este reino?

¿Por qué existe un Séptimo Cielo?

¿Por qué existe el sexo?

¿Por qué es tan difícil mantener la Luz en nuestras relaciones?

¿Quién diseñó el universo con las diez dimensiones, haciendo tan difícil nuestra conexión con el 99 por ciento?

¿Quién creó el sexo?

¿Quién creó el mundo?

¿Quién nos creó?

Y finalmente . . .

¿Por qué todo esto debería importarnos?

LIBRO DOS
EN EL COMIENZO... ¡HUBO SEXO!

LA HISTORIA DE LA CREACIÓN

Según los kabbalistas, el problema que se esconde tras una vida sexual pésima y las relaciones disfuncionales es que no conocemos las respuestas a las siguientes preguntas:

¿Quiénes somos en realidad?
¿De dónde venimos?
¿Por qué hay hombres y mujeres?
¿Cuál es el significado y el propósito de nuestras vidas?
¿Qué función cumple el sexo en el esquema físico y metafísico de las cosas?
¿Cuáles son las herramientas necesarias para obtener Luz verdadera y energía sexual en nuestras vidas?

A medida que encontremos respuestas a estas preguntas fundamentales de la existencia, podremos comenzar a experimentar el verdadero *buen sexo*.

Quizá te extrañe un poco que un libro que trata sobre la plenitud sexual se detenga a contemplar los misterios del universo y la creación del mundo. Sin embargo, en la Kabbalah, el aspecto cósmico y el erótico están profundamente interconectados. Lo cierto es que el cielo y la tierra están unidos en una única y conmovedora danza de creación. El mundo de dos amantes abrazándose es el reflejo de la unión del *1 por ciento* y el *99 por ciento* en una sola realidad de placer y Luz infinitas. Cuando veas esta conexión, verás la Luz.

TAL COMO ES ARRIBA, ASÍ ES ABAJO

El Zóhar, el libro más importante de la Kabbalah, lo dice de manera simple:

> No existe una conmoción arriba, hasta que no se produce una conmoción abajo.

En otras palabras, la Luz que ocupa las dimensiones ocultas de la Realidad del 99 por ciento se "despierta" sólo a través de nuestras acciones en la Ilusión del 1 por ciento. Es nuestro comportamiento el que determina si la Luz fluirá hacia nuestro reino y desterrará la oscuridad de nuestras vidas. Son nuestras acciones las que pueden conectarnos a la Realidad del 99 por ciento o desconectarnos de ella y sumirnos en la oscuridad.

Hay muchas conductas que atraen la Luz a nuestro mundo: *la bondad, compartir con los demás, los gestos de caridad, el sacrificio, la meditación, la unión sexual con alma*, vencer el propio ego. Estos comportamientos, cuando se llevan a cabo abajo, causan un estímulo de la Luz allá arriba. Y el sexo es precisamente la forma más poderosa de acceder a estas dimensiones ocultas y atraer Luz a nuestro mundo.

El problema es que si bien hay técnicas sexuales que nos permiten atraer una gran cantidad de Luz, también las hay que nos desconectan de la fuente de todo placer. ¿Cuáles son unas y otras? ¿Por qué es el sexo la forma más poderosa de acceder a la Realidad del 99 por ciento o de distanciarnos de ella?

Las respuestas a estas preguntas, y a las que se formulan al final del Libro Dos, se encuentran en un lugar muy lejano, en un tiempo muy lejano . . . antes de que ni siquiera existiera el concepto del tiempo: el momento de la Creación.

ANTES DEL ÁTOMO Y DE ADÁN

Al explorar la Creación de nuestro universo, los kabbalistas encontraron las respuestas a las preguntas fundamentales de la vida, el deseo, la intimidad y el sexo. Las fuerzas y eventos de la Creación del Cosmos tienen un impacto directo en nuestra propia vida sexual.

EL ORIGEN Y EL ORGASMO

La Kabbalah dice claramente que existe una conexión muy profunda entre el origen del universo y el origen del orgasmo. Sólo comprendiendo el nacimiento del Cosmos podremos llegar a entender qué sucede realmente entre las sábanas.

Ahora vamos a descubrir el punto de vista de la Kabbalah acerca de la Creación del mundo. No porque pretendamos ser más sabios, ni tampoco para desarrollar un entendimiento científico del nacimiento del universo, sino porque comprender cómo este mundo comenzó a existir nos proporcionará un conocimiento muy poderoso para enriquecer nuestra vida sexual, mucho más de lo que podemos llegar a imaginarnos.

Así que comenzaremos esta exploración no con Michael coqueteando peligrosamente con su secretaria durante el horario de trabajo, ni con Mark jugueteando con una docena de supermodelos en una habitación de hotel, sino en un "lugar" mucho más misterioso, y mucho más antiguo.

Comenzaremos por el verdadero inicio.

DETRÁS DE LA CORTINA

Hace muchísimo tiempo que la Kabbalah abrió la puerta hacia la esencial y verdadera realidad. Los kabbalistas corrieron la cortina y echaron un vistazo al otro lado para contemplar los secretos más ocultos y más profundos del universo.

Ahora respira profundamente antes de leer el próximo párrafo ...

Existe una leyenda antigua, atribuida a la Kabbalah, que explica cómo cuatro grandes sabios se atrevieron a mirar detrás de la cortina. Esto es lo que le ocurrió a cada uno de ellos:

1. El primer sabio murió inmediatamente a causa de lo que vio.
2. El segundo sabio se volvió loco.
3. El tercer sabio perdió toda la fe en la existencia de Dios tras esta experiencia.
4. Sólo el cuarto sabio que entró en la dimensión prohibida logró salir ileso, más sabio y pleno, y con su mente, cuerpo y alma intactos.

En respuesta a esta leyenda, el poder religioso comenzó a amonestar a todos aquellos que intentaran mirar detrás de la cortina. Advirtieron al mundo que nadie debía entrar en la sabiduría de la Kabbalah, ya que podrían volverse locos, ser considerados herejes, o incluso morir.

El resultado fue que esta cortina quedó semiabierta durante los últimos 2.000 años. El presente libro abre de par en par la cortina. Si te atreves, puedes traspasarla ahora y descubrir aquello que sólo unas pocas almas conocieron sobre la verdad de nuestra existencia y el papel que juega el sexo en la vida del hombre y la mujer.

¿Te volverás loco? ¿Perderás tu fe en Dios (si es que tenías alguna antes de hacerlo)? ¿Morirás? ¿O saldrás igual que entraste, quizá un poco más sabio, más iluminado y con más aptitudes sexuales que antes?

LA VERDAD TRAS LA LEYENDA

Para ocultar la verdadera realidad de las personas indignas, los kabbalistas siempre escribieron utilizando el lenguaje poético de las metáforas y los enigmas. La leyenda antes referida es exactamente eso: ¡un enigma! En otras palabras, ¿crees que un buscador haya podido perder la razón al conocer la verdad, o que un sabio haya podido morir de histeria a causa de las visiones que presenció al otro lado de la cortina? Lo más probable es que no. En esta leyenda, los kabbalistas nos están dando un mensaje codificado: nos están diciendo algo sobre nosotros mismos.

Lo que nos están diciendo es lo siguiente:

Las viejas costumbres son difíciles de dejar. Es complicado para nosotros deshacernos de las nociones preconcebidas. Es muy difícil abandonar o cambiar las creencias de miras estrechas. Resulta mucho más fácil aceptar las cosas como son, sin importar cuanto daño nos causen, que luchar para transformarnos y cambiar el mundo.

Para comprender la realidad verdadera, debemos dejar a un lado nuestras propias ideas, opiniones y sistemas de creencias, aunque sólo sea por el momento. Sólo así podremos ser objetivos y no dejarnos influir al evaluar el conocimiento oculto acerca de nuestros orígenes.

Por supuesto, no habrá que aceptarlo como una verdad definitiva. De hecho, siempre debemos cuestionarlo todo y no creer ciegamente en nada. La creencia es peligrosa; no es confiable. Los resultados deberían ser nuestras propias pautas para determinar lo que sabemos —y no lo que creemos— que es verdad. Voltaire, el gran filósofo francés del siglo XVIII, lo dijo muy bien:

> *Quienes pueden hacerte creer absurdidades, pueden hacerte cometer atrocidades.*

Por esta misma razón, los kabbalistas desprecian el concepto de creencia. Ellos quieren saber. Y la única forma de saber es poniendo a prueba un principio aplicándolo en el mundo práctico. Si funciona, no tendrás que creer, sino que *lo sabrás*.

Descifremos ahora el enigma y descubramos la verdadera lección de la leyenda.

Se refieren a las siguientes verdades:

1. Si nos aferramos a nuestras nociones preconcebidas y nos resistimos a crecer, a cambiar y a obtener sabiduría espiritual, terminaremos *muriendo* espiritualmente.
2. Si miramos el mundo solamente en el nivel del *1 por ciento*, la falta de sentido, la injusticia y el caos que veremos nos volverán absolutamente locos.
3. Si juzgamos el mundo sólo por lo que vemos, *perderemos la fe* y nunca llegaremos a conocer la verdad sobre Dios. No veremos el propósito divino ni el orden oculto que existen tras el dolor y el caos.

4. Si llegamos hasta los niveles más profundos de la sabiduría kabbalística, descubriremos respuestas y soluciones a los problemas del mundo (incluyendo una vida sexual insatisfactoria) y nos embarcaremos en una vida llena de paz, salud y *plenitud* de cuerpo y alma.

¿Estás listo para dar el primer paso? Muy bien, ya hemos corrido la cortina; ahora avancemos.

Y DIJO DIOS: "HAYA LUZ"

Antes del primer contacto físico . . .
Antes de los primeros susurros humanos en la oscuridad . . .
Antes del primer beso en la noche . . .
Antes de que cualquier cosa existiera, había . . . ¡infinita *Energía*!

Esta energía llenaba toda la realidad. Aún no existía la Tierra; no había estrellas ni galaxias; ni siquiera había universo; ni Big Bang.

Había sólo energía; nada más. Y esta energía, la única realidad, llenaba el infinito llegando hasta la eternidad.

La Kabbalah denomina a esta energía . . . ¡la *Luz*!

¿POR QUÉ LUZ?

Los kabbalistas escogieron la palabra *Luz* por una buena razón. De la misma forma que la luz solar contiene todos los colores del espectro, la Luz lo incluía todo. Ésta consistía en toda la felicidad, el placer, la alegría, el éxtasis, la sabiduría y la plenitud que una mente humana puede concebir, e infinitamente mucho más que eso.

Y eso era todo lo que existía: una Luz infinita que abarcaba la felicidad infinita.

¿Te resulta complicado imaginar cómo sería la felicidad infinita? Hace unos 2.000 años, los kabbalistas nos dijeron que una simple gota de esta Luz era 60 veces más placentera que el mejor orgasmo que hayas tenido. Entonces, si una sola gota de esta Luz era tan poderosa, ¡imagina el poder y el placer de la Luz infinita! ¡Y por toda la eternidad!

Pues así fue el comienzo. Éste es el punto de partida: Luz infinita que contenía placer infinito.

LA NATURALEZA DE LA LUZ

Esta Luz infinita tenía una cualidad particular; su naturaleza era la de compartir toda su felicidad infinita. Dicho de otra forma: la naturaleza del bien es hacer el bien. Así, la naturaleza de compartir y de ser feliz es crear y compartir felicidad con alguien más.

Pero en este reino de Luz infinita, al principio de todo, ese "alguien" no existía. Sólo había Luz, nada más. Entonces la Luz decidió crear a alguien con quien compartir. Después de todo, el concepto de *compartir felicidad* no puede manifestarse sin el acto de hacer feliz a alguien. *Alguien* debe recibir la felicidad para que llegue a expresarse la acción de compartir.

Por cierto, éste es el primer principio de la Kabbalah que debes dominar:

La Luz del Creador no puede manifestarse y expresarse sin un receptor.

Entonces, la Luz decidió hacer feliz a alguien.

¡Y ese alguien fuiste *tú*!

LA ÚNICA CREACIÓN

Sí, tú. Tú fuiste creado por la Luz para recibir felicidad infinita. Y yo también. Igual que todas las personas que conoces. Todas las personas que alguna vez han respirado una molécula de aire en este planeta a lo largo de toda la historia fueron creadas para recibir felicidad infinita.

La Luz creó a *todas* las almas de la humanidad —pasadas, presentes y futuras— en ese preciso instante.

Pero, ¿sabes qué? Todas aquellas almas estaban unidas en una gran y única alma. Este es un concepto un poco abstracto, pero recuerda la metáfora de la luz solar.

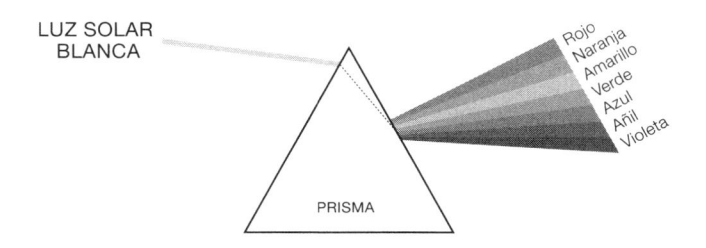

LUZ SOLAR BLANCA

Rojo
Naranja
Amarillo
Verde
Azul
Añil
Violeta

PRISMA

La luz solar incluye todos los colores del arco iris. Estos colores son muchos, pero también son uno solo: el blanco.

O piensa en un equipo de béisbol: sólo hay *un equipo*, pero está formado por varios jugadores, cada uno de los cuales juega en una posición distinta. Busquemos otro ejemplo, pensemos en nuestro cuerpo: cada persona es única, individual; sin embargo, existen trillones de trillones de células independientes que trabajan en conjunto para crear el ser individual que cada uno es. De la misma forma, todas las almas de la humanidad eran trillones de células individuales que creaban un Alma Única, gigante, creada por la Luz. Cada individuo era único, pero *al mismo tiempo*, cada individuo ayudaba a crear el *Alma Única*.

LA ESENCIA DEL ALMA

El Alma Única tenía una característica muy particular; sólo una. Y este rasgo único es la clave para comprender todo lo demás sobre la vida. Por lo tanto, debes asegurarte de que comprendes cabalmente en qué consiste tal rasgo.

Ese rasgo único es . . .

¡EL DESEO!

EL DESEO ES TODO LO QUE HAY

Puesto que la Luz era infinita, contenía dentro de sí misma todos los tipos de alegría. Lo único que la Luz necesitaba para activar toda esta felicidad era el deseo. De hecho, la felicidad se expresa en el preciso momento en que se produce la satisfacción del deseo, el momento en que éste se cumple.

Si no hay deseo, no hay felicidad. Punto. Tampoco hay mucho más de lo demás. Hombres, mujeres, adultos y niños no moverían un solo dedo si no fuera por el deseo inicial de recibir algo:

> Trabajas porque deseas dinero, éxito, tranquilidad mental, prosperidad y una cocina nueva.

> Comes porque deseas mantenerte vivo o para experimentar el placer de comer algo delicioso.

> Compites en el deporte porque deseas experimentar la emoción de la victoria y del logro.

> Te tomas unas vacaciones porque deseas satisfacer tu deseo de serenidad y de salir de la rutina.

> Tienes relaciones románticas porque deseas recibir y dar amor.

> Miras televisión y vas al cine para satisfacer tu deseo de entretenerte y divertirte.

Tienes sexo para satisfacer tu deseo de placer sexual.

Por lo tanto, el deseo es la clave de la felicidad.

Para poder expresarse a sí misma, la Luz creó un *infinito Deseo de Recibir* toda la alegría que la Luz irradiaba. Este Deseo de Recibir infinito es el Alma Única, de la que todos formábamos y formamos parte.

LA LUZ COMPARTE · · · · · · · · · · **EL ALMA RECIBE**

(+) (-)

LA SIMPLICIDAD DE LA CREACIÓN

El propósito detrás toda la Creación es en realidad muy simple, tanto que puede llevar una vida comprenderlo. Nosotros no queremos esperar toda una vida. La naturaleza de la Luz es la capacidad infinita de dar placer. La naturaleza del Alma es la capacidad infinita de recibir placer. Juntas, forman una sinergia:

Creador y Creación;
Causa y Efecto;
Emanación y Absorción;
Compartir y Recibir;
Proveedor de lo Bueno y Receptor de lo Bueno

En esto consiste la Creación original: en Compartir felicidad y Recibir felicidad. Ésta es la razón por la que buscas felicidad a cada hora, todos los días de tu vida. Es precisamente por este motivo que no hay nada que pueda detener a los seres humanos en su búsqueda de felicidad, sin importar cómo la definamos. Permíteme repetir la idea una vez más:

Una Fuerza de Felicidad creó un Receptor con el propósito de entregarle y de Compartir con él la Felicidad infinita. En otras palabras: Dios creó las Almas de la Humanidad para compartir con ellas la Luz infinita.

Entonces, ¿qué pasó? ¿Por qué andamos buscando constantemente la felicidad? Obtendrás las respuestas en unos momentos. Antes quiero preguntarte: ¿No notas algo familiar en este tipo de relación entre la Luz y el Alma?

SE PARECE MUCHO AL SEXO

Por si aún no lo habías notado, fíjate que existe un paralelo llamativo entre la relación Luz-Alma y el acto sexual humano.

La relación entre la Luz y el Alma Única fue la conexión sexual máxima. Por una razón: el placer que fluyó entre ellos fue 60 veces mayor que el mejor orgasmo que un ser humano haya experimentado. No doblemente poderoso o triplemente intenso (lo cual probablemente mataría al ser humano promedio), sino que estamos hablando de un sentimiento... ¡60 VECES MÁS PODEROSO, MÁS INTENSO y MÁS PLACENTERO!

Y éste es el motivo por el que se creó el Alma Única: para experimentar este Placer Divino durante toda la eternidad. Sí, el propósito de la Creación es así de simple. Nos enredamos y confundimos, lo intelectualizamos demasiado y nos complicamos la vida buscando la felicidad. Sin embargo, si nos detenemos un instante a reflexionar sobre la vida, nos daremos cuenta de que somos un manojo de deseos en movimiento buscando ser llenados con la Luz, ya sea en forma de sabiduría, conocimiento, dinero, amistad, amor o éxtasis sexual. Nuestro problema no es la complejidad de la Creación y el propósito de la vida, sino nuestros esfuerzos inútiles por alcanzar el objetivo. No sabemos cómo conectarnos de manera consistente con la Luz que estaba brillando antes de que la realidad física apareciera. No somos felices. No estamos satisfechos sexualmente. *¿Qué fue lo que sucedió?*

Tal vez éste sea el momento indicado para preguntarnos:

Si la Luz y el Alma Única existían en armonía y unidad perfecta ¿dónde entramos nosotros en la escena?

¿Cómo surgió nuestro mundo complicado, imperfecto y caótico de esta sinergia sexual cósmica tan perfecta?

Las respuestas a estos interrogantes se encuentran en un suceso extraordinario que tuvo lugar entre esta unidad y la felicidad: ¡un divorcio!

De hecho, pensemos en ello más como una separación de prueba.

LA CLAVE MÁGICA QUE FALTABA

En el primer nivel de la Creación, la Luz creó un Alma Única gigante con el propósito de compartir con ella placer infinito.

En la siguiente fase de la Creación, la Luz y el Alma Única se separaron repentinamente y se volvieron tan distantes como el este del oeste. Esta separación espontánea es la razón por la cual estamos leyendo este libro en un mundo de sexo desapasionado.

¿Qué causó esta separación? ¡Ahí tienes la pregunta más importante del cosmos! Porque su respuesta es la clave primordial, absoluta e irrefutable para comprender los misterios del universo.

Sin esta clave mágica no podríamos comprender la sabiduría de la Kabbalah ni el significado de nuestra existencia. A lo largo de la historia, innumerables estudiosos han buscado en la profundidad de la Kabbalah sus secretos más ocultos. Actualmente existen miles de libros sobre la Kabbalah en las bibliotecas y librerías; y aun cuando hayan descubierto ideas poéticas y místicas, *ninguno* de ellos ha encontrado esta clave.

Durante los últimos 2.000 años, científicos, rabinos, sacerdotes, estudiosos y filósofos han explorado la sabiduría kabbalística con la esperanza de hallar los secretos de la vida. Ninguno de ellos ha tenido éxito. Todos los libros que se escribieron sobre la Kabbalah, todas las meticulosas investigaciones sobre sus textos sagrados, todos los documentos escritos por estudiosos sobre el tema, pasaron por alto esta clave tan cuidadosamente guardada.

Hasta finales del siglo XIX.

EL KABBALISTA LLAMADO ÁSHLAG

Vino a este mundo en el año 1885 y lo abandonó en el año 1955. Durante su vida, produjo los comentarios más significativos e históricos sobre la Kabbalah desde los tiempos de la antigua Jerusalén. Él no fue solamente un erudito; y fue mucho más que un filósofo. No fue un terapeuta sexual, fue un kabbalista, y uno de los más prolíficos de toda la historia. Se llamaba Yehudá Áshlag. Este dotado Kabbalista reveló la clave mágica para que toda la humanidad pudiera tener acceso a la sabiduría de la Kabbalah y pudiera aplicarla de forma práctica. Pero, ¿dónde está la clave?

Se encuentra en una furgoneta fuera de un edificio de apartamentos en el centro de Manhattan.

LAS LEYES DE LA ATRACCIÓN

Ahora estoy saliendo con una mujer que, evidentemente, no es consciente de ello.
—Garry Shandling

LA CITA A CIEGAS

Liz vive en el centro de Manhattan. Liz es una mujer esbelta y vivaz de 28 años y 1,82 metros de estatura a quien le gusta viajar y vivir aventuras. Ella busca un hombre que sea emprendedor, sano, cariñoso y (espera) que sea más alto que ella. A Liz le encantan las repeticiones de la serie de comedia "Seinfeld" y los Jaguar descapotables. Detesta la idea de vivir en una casa suburbana con césped bien cuidado, una cerca blanca y una pandilla de niños colgados de su delantal todo el día. Adora la idea de irse a París de un día para otro y le encanta el mundo agitado, acelerado, cromado y de metal que es Manhattan.

Una colega del trabajo ha arreglado una cita a ciegas para Liz. Su cita acaba de aparcar delante de su edificio de apartamentos para recogerla.

Liz, llena de expectativas, oye como alguien pica a la puerta. Cuando abre se queda boquiabierta. En la entrada se encuentra un hombre bajito, rechoncho y medio calvo que trabaja como contable público; su nombre es Harvey. Antes de que se le ocurra alguna una excusa para cancelar la cita, Harvey la lleva rápidamente hasta su furgoneta de ocho pasajeros. Liz sabe que ya no hay vuelta atrás, por lo que sube a la furgoneta. Durante el viaje, Harvey, el hombre bajito y rechoncho, le cuenta a Liz, la mujer de piernas largas y esbeltas, un poco sobre sí mismo.

Harvey quiere una casa en los suburbios de Nueva Jersey y siete hijos. Le encanta su trabajo estable de nueve a cinco y pasar los fines de semana en casa haciendo tareas del hogar y ganándose un dinero extra llevando las cuentas de sus amigos y de su familia. Su pasatiempo favorito es mirar las repeticiones de la serie "La isla de Gilligan". Harvey tiene miedo a volar, por lo que nunca ha salido de los Estados Unidos ni tampoco tiene pensado subirse a ningún avión por el resto de sus días. Liz sabe que no tiene escapatoria para el resto de la noche y le aterroriza cada minuto de ese tiempo. Se siente atrapada en la cita más aburrida de la historia.

Pese a que Liz y Harvey están sentados uno al lado del otro en la furgoneta, se encuentran en mundos diferentes. Están tan lejos uno del otro como norte y sur. Sin embargo, la distancia entre ellos no tiene nada que ver con la proximidad física. En otras palabras, es posible que estén físicamente cerca, pero sus corazones, mentes y almas están a años luz de distancia espiritual.

La distancia entre ellos tiene que ver con su naturaleza opuesta . . . sus intereses y deseos personales contradictorios . . . todas las cualidades intangibles de su ser interior.

Liz y Harvey tienen intereses incompatibles, deseos opuestos, objetivos distintos y hasta apariencia física totalmente diferente.

En esta situación, encontramos la *clave mágica* buscada durante tanto tiempo para comprender la Kabbalah.

71

RAV ÁSHLAG REVELA LA CLAVE

> *Así como una cuchilla corta y separa cosas materiales y las divide en dos, del mismo modo una "diferencia de forma" o esencia separa la sustancia espiritual y la divide en dos partes.*
> —Rav Yehudá Áshlag

En los reinos espirituales lo semejante atrae a lo semejante, ¡lo igual atrae a lo igual! Por lo tanto, junto con sus definiciones, los kabbalistas nos dan dos palabras clave:

Proximidad
1 : la cualidad o estado de ser similar
2 : la cualidad o estado de ser semejante
3 : la cualidad o estado de ser igual (igualdad)

Distancia
1 : parcial o totalmente distinto en su naturaleza, forma o cualidad
2 : no igual
3 : disímil

Dicho de otra forma: cuanto más distintas son dos entidades, más lejos están la una de la otra; y cuanto más similares son, más próximas están. Esto se llama la *Ley de la atracción*. La Ley de la Atracción es la clave mágica para comprender la vida y el sexo. Cuando las cosas son similares, se atraen entre ellas y están cerca. Cuando *no* son similares, se repelen, creando distancia y separación.

Ya tienes tu clave mágica. Ahora apliquémosla al estado original de la Creación:

Hay una Luz que Comparte.
Hay un Alma que Recibe.

Por si no te has dado cuenta, éstos son dos polos opuestos; Compartir y Recibir son dos elementos contrarios, tan diferentes como el día y la noche. Este estado de completa disimilitud causó una separación repentina entre la Luz y el Alma Única. Si lo piensas, verás como es inevitable. La Luz quiere Compartir, de modo que crea un Receptor para poder experimentar el concepto de compartir en su totalidad. Pero al hacerlo, la Luz crea una forma opuesta, una entidad totalmente alejada de ella misma.

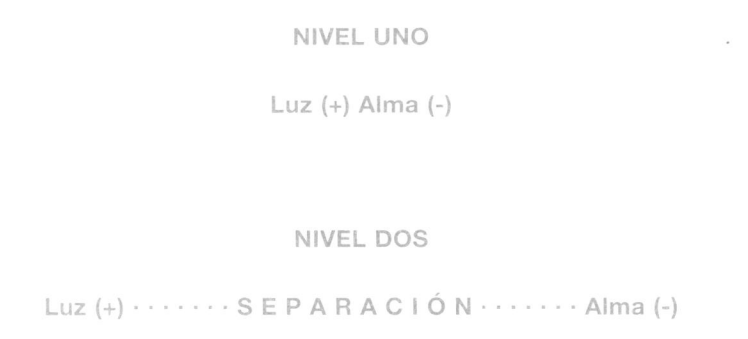

NIVEL UNO

Luz (+) Alma (-)

NIVEL DOS

Luz (+) · · · · · · · S E P A R A C I Ó N · · · · · · · Alma (-)

La Luz y el Alma tenían formas antagónicas, cualidades disímiles, características incongruentes y rasgos diametralmente opuestos. Por esta razón, la Luz y el Alma se **divorciaron**. No porque no pudieran entenderse, sino debido a la ley natural: la Ley de la Atracción, que afirma que *lo similar atrae lo similar*.

AISLADA

Nos encontramos en una situación un tanto precaria: el Alma se halla de repente aislada, sola, desamparada. Sin embargo no es así, la gran distancia que ahora separa el Alma de la Luz —*la Satisfacción del Deseo*— representa meramente un trabajo en vías de ser realizado.

Y la cuestión es ahora la siguiente: ¿Puede el Alma restablecer contacto con la Luz y recuperar la proximidad y la unidad con la Fuente de toda la plenitud? Después de todo, el Alma es el Receptor por naturaleza. Recibir es su cualidad esencial.

Con esto llegamos al final del Libro Dos.

LAS IDEAS ESENCIALES DEL LIBRO DOS

- El *buen sexo* depende de que sepamos cómo se creó el mundo, el significado de nuestra existencia y el papel que representa el sexo en nuestra vida.

- Nuestras acciones en la *Ilusión del 1 por ciento* determinan la cantidad de *Luz* que brilla sobre nosotros desde la *Realidad del 99 por ciento*.

- El origen del universo está conectado con el origen del orgasmo.

- Al principio existía sólo Luz, la cual personifica y es la fuente de toda la felicidad.

- La Luz creó un Alma Única e infinita para que recibiera todo el placer que la Luz contenía. Tú eras parte de esta Alma original.

- Cuando la Luz llenaba al Alma, el placer era 60 veces más fuerte que un orgasmo. La relación puede describirse como Sexo Divino.

- La Ley de la atracción es una ley espiritual irrevocable que afirma que lo similar atrae lo similar y lo disímil repele a lo disímil.

- La Luz y el Alma se separaron porque tenían una naturaleza opuesta: Compartir en oposición a Recibir.

Antes de dar vuelta la página y comenzar con el Libro Tres, puede que te estés preguntando:

¿Están la Luz y el Alma destinadas a permanecer separadas a causa de sus naturalezas opuestas?

En absoluto.

Esta situación no es ni mucho menos irremediable. Porque, tal como Dorothy descubrió durante su peligroso viaje a la Tierra de Oz, el poder para retornar a casa ya está implantado dentro del Alma.

LIBRO TRES
ADÁN, EVA Y EL ADN DE DIOS

¡Los padres de los genios creen firmemente en la herencia!
—Anónimo

Si un niño se parece a su padre, es herencia; si se parece al cartero, es el entorno.
—Anónimo

HERENCIA DIVINA

Existe un viejo dicho que dice: "de tal palo tal astilla". La ciencia lo confirmó con el descubrimiento de los secretos del ADN y el código genético. Cuando la Luz creó el Alma Única, ésta heredó los genes de su Creador, del mismo modo que los hijos heredan los rasgos físicos y personales de sus padres. Específicamente, cuando se creó el Alma Única, su carácter esencial era el Deseo de Recibir. No obstante, el Alma también heredó el único rasgo de la Luz: la habilidad potencial de Compartir.

El Alma Única fue concebida como un Receptor, pero dentro de su naturaleza existía la posibilidad de Compartir y de comportarse como el Creador. Es así de sencillo. Ahora viene un pequeño secreto kabbalístico que sacudirá la visión tradicional de la Biblia hasta sus cimientos más profundos.

EL SECRETO:

El Alma Única, cuya esencia es el deseo, es conocida por su nombre en clave *Eva*.

El gen de compartir heredado por el Alma es conocido por su nombre en clave *Adán*.

La frase *Adán y Eva* es en realidad un código para el Alma Única que posee tanto el rasgo de Recibir como el rasgo heredado y divino de *Compartir*. Adán y Eva no eran dos personas físicas que se encontraban en un exótico jardín terrestre; ambos representan los dos rasgos característicos del Alma Única: el deseo de Recibir y el potencial de Compartir y de ser como el Creador.

EVA
(RASGO RECEPTOR)

ADÁN
(GEN DE COMPARTIR)

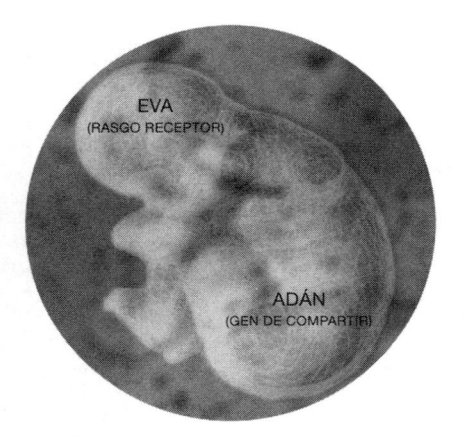

ALMA ÚNICA

Y he aquí la buena noticia: según la Ley de la atracción, el Alma puede reunirse con la Luz simplemente emulando al Creador, es decir, haciendo que su naturaleza se parezca a la de Dios y comportándose como Él. Recuérdalo: lo similar atrae lo similar. La pregunta es: ¿Cómo?

CÓMO PARECERSE A DIOS

Para unirse con la Luz, uno debe comportarse como la Luz. Para unirse con Dios, uno debe comportarse como Dios. Así pues, la pregunta esencial que guarda el secreto para llegar a ser como Dios es la siguiente:

PREGUNTA:
¿Qué es lo que Dios nunca hace?

RESPUESTA:
Dios nunca recibe.

Y aquí radica el problema. Como el Alma continuó recibiendo, su esencia seguía siendo opuesta a la esencia del Creador y, por lo tanto, permanecía separada de la Luz.

¿Qué hizo entonces? Intentó una acción radical.

¡EL ALMA DEJÓ DE RECIBIR LA LUZ!

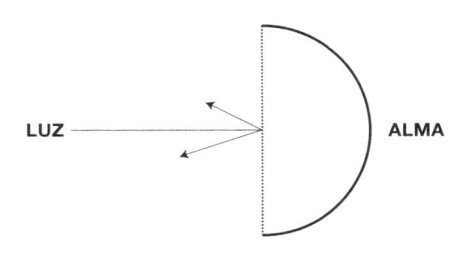

LUZ   ALMA

MISIÓN (CASI) CUMPLIDA

Al detener el flujo de la Luz y obstruir su propia naturaleza receptora, el Alma Única, también llamada Receptor, eliminó el único rasgo y el único comportamiento que había causado la separación: *recibir*. Fue una jugada inteligente, excepto por una cosa: cuando la Vasija dejó de recibir la Luz, no se deshizo de *toda* la Luz. ¿Por qué no?, te preguntarás. Imagina un vaso de leche; aun cuando vacíes todo el líquido que contiene, quedará una fina capa de leche dentro del vaso. Esto es lo que le sucedió al Alma Única. Cuando dejó de recibir, la Luz se retiró, dejando un mínimo residuo. **Debido a este pequeño resto, el Alma conservó un pequeño Deseo de Recibir la Luz.**

ESTUVO CERCA . . .

Por supuesto, el acto inicial de detener la Luz y desconectarse de su propia naturaleza receptora, hizo que el Alma se pareciera mucho más a la Luz. De hecho, el 99 por ciento de la Luz se retiró de la Vasija, de modo que el 99 por ciento de lo que la Vasija recibía fue erradicado. Naturalmente, esto hizo que el Alma se acercara un poco más a la Luz, pero todavía no lo suficiente.

El Alma debía hacer algo más.

LOS PASOS FINALES HACIA LA FELICIDAD ETERNA

El paso del alma fue doble. Primero, simplemente resistió el 1 por ciento de residuo para poder lograr el objetivo principal: eliminar *completamente* cualquier tipo de naturaleza receptora. Segundo, compartió con el fin de desarrollar la naturaleza de compartir del Creador.

Examinemos ahora los sucesos que se desencadenaron cuando el Alma dijo basta por primera vez.

RESISTENCIA Y EL NACIMIENTO DEL UNIVERSO

La acción del Alma de detener el flujo de Luz se llama *Resistencia*. ¿Por qué? Porque el Alma se resiste a recibir la Luz.

Naturalmente, la Luz amaba al Alma mucho más de lo que la mente humana pueda llegar a concebir, por lo que la Luz consintió: cuando el Alma se resistió a recibirla, la Luz retiró su energía infinita. En el momento en que la energía se retiró, se creó de repente un espacio vacío. La Luz infinita dio así nacimiento a un punto finito. Este espacio vacío era tan minúsculo como un punto de oscuridad. Y ahí es cuando ocurrió algo extraordinario: de repente, dentro de este punto microscópico y vacío, el Big Bang dio nacimiento a nuestro universo.

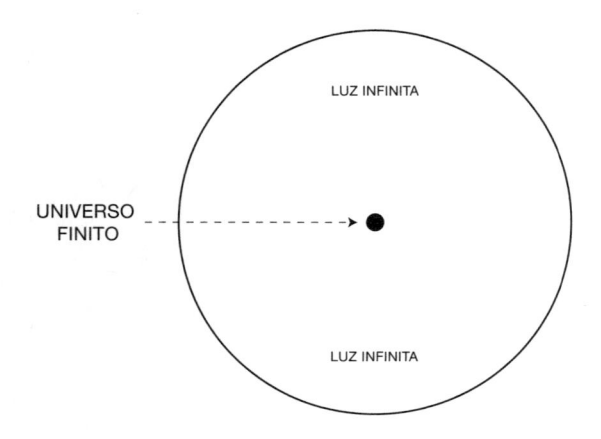

He aquí la detonación propia de la teoría científica del Big Bang explicada en lenguaje místico, en lugar de físico. Dicho de otra forma, en el momento en que la Luz se retiró originando un punto vacío, el *espacio* fue creado mediante el Big Bang, la explosión que según la ciencia marca el nacimiento de nuestro universo. Curiosamente, la ciencia y la Kabbalah ofrecen idénticos relatos acerca de la creación del mundo.

UN LUGAR PARA CONVERTIRSE EN CREADOR

Este espacio finito recién creado iba a servir como un terreno o campo de entrenamiento donde el Alma tendría la posibilidad de aprender por sí misma a ser como Dios. Más concretamente, el Alma iba a encontrar aquí su propio y único espacio, en el cual podría resistirse al *residuo remanente* de Recibir que todavía poseía y desarrollar su naturaleza de Compartir.

Recuerda que el primer acto de Resistencia eliminó el 99 por ciento de la Luz. Este nuevo campo de entrenamiento brindaba al Alma la oportunidad de resistir el remanente, el 1 por ciento restante de su naturaleza receptora que aún quedaba activo.

Y esto es lo que sucedió.

DIEZ CORTINAS DE OSCURIDAD

Para ocultar su Luz, el Creador colgó diez "cortinas". Cada cortina reducía gradualmente el brillo de la Luz. Las diez cortinas fueron (y son) la forma que el Creador tuvo de disminuir la intensidad de su Luz Divina para que el mundo pudiera existir.

Por favor, presta especial atención a la siguiente idea: algo asombroso ocurrió cuando se colocaron las diez cortinas: cada cortina adicional creó una nueva dimensión. Lo cual significa que las diez cortinas crearon diez dimensiones. Lógicamente, las dimensiones más altas contienen más Luz, ya que están más cerca de la Fuente de toda la Luz y no están ocultas tras tantas cortinas. Asimismo, la dimensión más baja de todas es la que menos Luz contiene. Esta última dimensión es nuestro hogar actual.

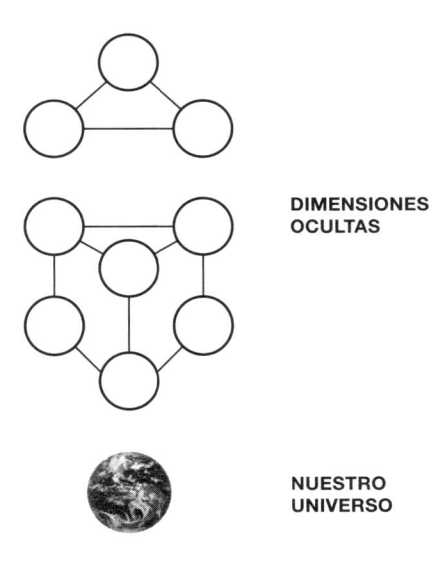

DIMENSIONES OCULTAS

NUESTRO UNIVERSO

Bienvenido a nuestro mundo de sexo, drogas y pergaminos antiguos.

LA ESTRUCTURA DE LAS DIEZ DIMENSIONES

Hay una cosa más que necesitas saber antes de examinar cómo comenzaron a existir en la tierra las almas humanas, el amor y el sexo. Necesitas conocer la estructura de las Diez Dimensiones. Éstas se agrupan de la siguiente manera:

    Tres
    Seis
    Una

Ya hemos aprendido que el lugar mágico llamado Séptimo Cielo se encuentra en la parte superior de las Tres Dimensiones. Y si nuestro mundo físico es esa dimensión solitaria abajo de todo, ¿qué son esas seis dimensiones intermedias?

Séptimo Cielo → **3 DIMENSIONES**

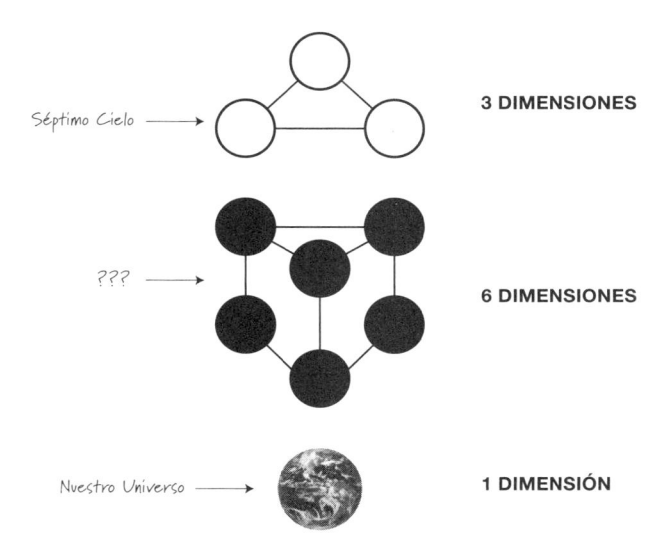

??? → **6 DIMENSIONES**

Nuestro Universo → **1 DIMENSIÓN**

Para averiguarlo, debemos examinar la historia quizá más famosa de la civilización humana: la historia de Adán y Eva.

ADÁN Y EVA

El Jardín del Edén. La serpiente. La manzana. La hoja de parra. La expulsión. La historia bíblica de Adán y Eva es uno de los relatos más conocidos del mundo judeocristiano. Oculta bajo la lectura literal de la historia de Adán y Eva se encuentra una amplia gama de significados y verdades científicas y espirituales reveladas por los kabbalistas para que nosotros podamos explorarlas. La Kabbalah excava en las profundidades del terreno metafórico y espiritual y nos ofrece una visión de Adán y Eva y el Jardín del Edén que es de todo menos sencilla, y que no tiene nada que ver con la moral. Es una historia, un código que oculta maravillosas verdades sobre el sexo y la vida. También es un mapa científico y espiritual de la Creación.

Permíteme resumir la historia del Jardín del Edén tal como la mayoría de nosotros la ha escuchado por primera vez. La versión de la Creación que se hizo camino hasta llegar a nuestra conciencia colectiva viene a ser algo así:

EN EL COMIENZO
Tras crear las otras cosas vivas de la tierra, Dios creó a Adán, el primer hombre. Como Dios no quería que estuviera solo, creó una pareja para Adán a partir de una de sus costillas. Y así creó a la primera mujer, Eva. Dios dejó a la feliz pareja en el Jardín del Edén, diciéndoles que podían disfrutar de todas las delicias que se encontraban allí, incluyendo los frutos del Árbol de la Vida, pero que les estaba prohibido comer del Árbol del Conocimiento del Bien y del Mal, ya que sus frutos no estaban maduros y era probable que si los comían acabaran muriendo.

Pero alguien más habitaba en el Jardín: la Serpiente.

Tentada por la convincente labia de la Serpiente, Eva desobedeció: arrancó una manzana del árbol prohibido y se la comió. Luego le ofreció la manzana a Adán, incitándole a comer con ella. Él aceptó; y así terminó su efímera edad de la inocencia.

De repente, Adán y Eva se dieron cuenta de que estaban desnudos y sintieron vergüenza por primera vez. Para cubrir sus cuerpos, utilizaron hojas de parra.

Dios regresó, y al ver que habían desobedecido, se enfureció y les castigó con la mortalidad, un futuro de duro trabajo en la tierra (tarea de Adán) y un parto doloroso (tarea de Eva). Luego les expulsó del Jardín.

Sumida en llanto y desesperación, la pareja descendió del Paraíso.

El relato tiene sus variaciones, por supuesto, pero así lo conocemos la mayoría de nosotros. Ahora vamos a revelar algunos de los "problemas" con esta historia.

PROBLEMAS EN EL PARAÍSO

Si nunca has leído la Biblia, abre el libro del Génesis y lee la historia de Adán y Eva. Quizá te sorprenda comprobar que la traducción ocupa apenas entre cinco y diez páginas. Sin embargo, en cada generación, esta historia ha interesado a estudiosos, cautivado a artistas, inspirado discusiones y encendido la imaginación, ha dividido los sexos, ha sido fuente de interpretaciones infinitas y se ha citado como base de una gran variedad de religiones y cruzadas ideológicas.

Los protagonistas de la historia han sido utilizados con frecuencia en el terreno político. A Eva se la condena por ser moralmente débil, una mujer seductora y pecadora que provocó la caída del hombre (Adán), colocando así la culpa de la expulsión del hombre del Edén enteramente sobre sus hombros.

Esta lectura de la Creación ha atraído inevitablemente a aquellos que buscan limitar los derechos y el poder social de la mujer, puesto que conecta a todas las mujeres con un estereotipo bíblico que es sexualmente incontrolable, desobediente y astuto. Así, Eva se convierte en una carga y una maldición para la totalidad del género femenino y, de paso, una cómoda víctima expiatoria para Adán, quien no dejó de comer la fruta que ella le ofreció.

Esta interpretación tradicional de la historia de Adán y Eva ha llevado a que la mujer sea o se sienta:

maltratada y oprimida,
calumniada y reprimida,

controlada y poseída,
desnudada por la fuerza,
sometida y estresada,
vacía y deprimida, así como
frustrada y angustiada.

DECONSTRUYENDO DEL GÉNESIS

Desde el punto de vista kabbalístico (y para nuestro propósito en este libro), ni las interpretaciones politizadas ni la lectura literal de la historia de la Creación han dado en el blanco. De acuerdo con la Kabbalah, si tomamos la fábula de Adán y Eva en su sentido literal, es precisamente eso, una fábula. Sin embargo, cuando profundizamos en las raíces de la historia, comienzan a emerger verdades profundas.

EL CÓDIGO ADÁN Y EVA

Según los kabbalistas, la frase *Adán y Eva* es un código, una metáfora referida al Alma Única que existió con anterioridad al origen de nuestro universo. Tal como lo hemos tratado en un capítulo previo, todas las almas de la humanidad, incluyendo la tuya, estaban contenidas dentro de esta entidad. Imagina una salpicadura de agua, en la que cada una de las diminutas gotas representa un alma individual; sin embargo, si juntamos todas las gotitas, obtendremos un solo charquito de agua.

GOTAS INDIVIDUALES DE AGUA FORMAN UNA GOTA MÁS GRANDE

La Biblia no se refiere a dos seres humanos de carne y hueso, sino a un Alma no física cuyo rasgo esencial consiste en un gran Deseo de Recibir. ¿Qué es lo que dicha Alma Única quiere recibir? Toda la felicidad infinita que la Luz imparte. Este deseo gigante se llama Eva.

Dentro de esta Alma se encuentra otro rasgo potencial: el ADN de Dios, que consiste en el talento de comportarse como Dios. Este rasgo se llama Adán.

En resumen:

Eva es el Deseo de Recibir del Alma Única.

Adán es el ADN y el potencial de Compartir que existe en el Alma Única.

EL CÓDIGO DEL JARDÍN DEL EDÉN

¿Recuerdas las seis dimensiones no identificadas que nombramos páginas atrás? Pues bien, estas seis dimensiones son de hecho el Jardín del Edén.

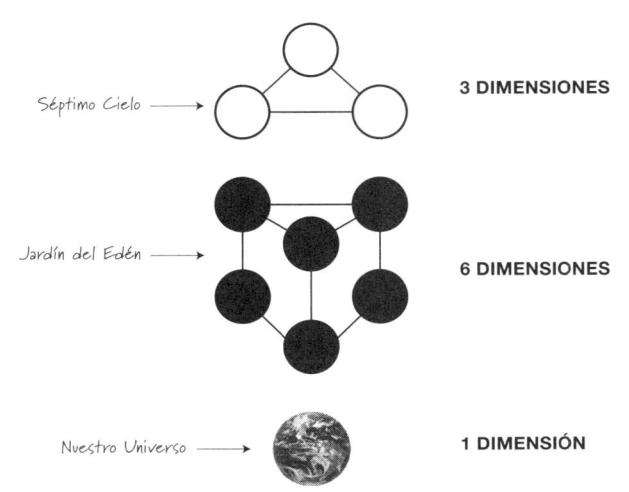

Séptimo Cielo → 3 DIMENSIONES

Jardín del Edén → 6 DIMENSIONES

Nuestro Universo → 1 DIMENSIÓN

En el código bíblico, el Jardín del Edén es el lugar en el que el Alma Única se quedó para resistir el residuo final de Luz. Era la ubicación y la dimensión en la cual el Alma iba a intentar completar la tarea de la resistencia total.

La verdad es que el Edén era más parecido a Madison Square Garden que a un jardín paradisíaco. ¿Por qué? Porque era el campo en el que iba a tener lugar el juego más grande de la historia del Cosmos. Lo cual nos lleva directamente a plantearnos nuevos interrogantes (tal como habrás notado, las preguntas son muy importantes en la Kabbalah)...

Si *Adán y Eva* son un código para el Alma Única y las Seis Dimensiones son el Jardín del Edén, ¿dónde encajan en este esquema la manzana, la serpiente y la expulsión del paraíso? Y quizá la pregunta más provocativa de todas:

¿Qué clase de juego se jugaba exactamente en el Jardín del Edén?

En este punto, la historia se vuelve más dramática e interesante. Pero antes de avanzar, resumamos las ideas más importantes del Libro Tres . . .

LAS IDEAS ESENCIALES DEL LIBRO TRES

- Pese a que el Alma fue creada como un Receptor, heredó el ADN de su Creador, que incluye el potencial de Compartir.

- Estas dos características, Recibir y Compartir, son conocidas por el nombre en código *Adán y Eva*.

- Según la Ley de la atracción, el Alma puede volver a reunirse con la Luz si se comporta como la Luz, es decir, si comparte.

- El Alma dejó de recibir la Luz en calidad de simple Receptor para tener la oportunidad de transformarse en un Receptor que recibe con el propósito de Compartir. Sin embargo, no resistió toda la Luz, sino el 99 por ciento. Luego, el Alma debió resistir el residuo restante.

- Cuando la Luz se retiró, creó un pequeño espacio que incluía nuestro universo, dando al Alma un lugar para completar el acto final de Resistencia.

- En el proceso de creación de este pequeño espacio, se formaron las Diez Dimensiones.

- El Jardín del Edén y el Séptimo Cielo se encuentran en estas dimensiones ocultas.

LIBRO CUATRO
SEXO CON UNA SERPIENTE Y LA EXPULSIÓN DEL PARAÍSO

EL JUEGO EN EL JARDÍN

Ya es hora de borrar de nuestras mentes la historia tradicional de Adán y Eva, una metáfora malinterpretada que, en realidad, oculta ideas nunca antes consideradas por ninguna institución religiosa, científica o académica. Retomemos los hechos y veamos qué sucedió . . .

El Alma está ahora en el Jardín del Edén:

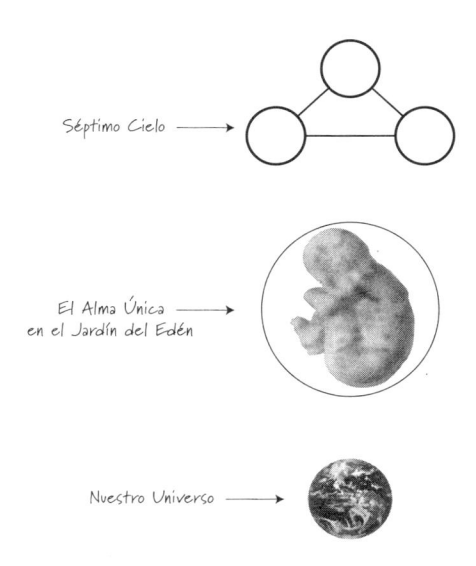

Séptimo Cielo

El Alma Única en el Jardín del Edén

Nuestro Universo

En este juego, el objetivo del Alma es anular totalmente la acción de recibir, resistirse al residuo de Luz, ¿lo recuerdas? Parece muy simple, pero no lo es. Verás, "allí arriba" ocurrió algo peculiar que nos llevó a ti y a mí a vivir aquí abajo, contigo leyendo un libro sobre cómo mejorar tu vida sexual. Para aclarar este profundo misterio cósmico, es necesario que nos formulemos algunas preguntas importantes:

¿A qué se deben todos estos juegos? ¿Por qué el Alma se ve obligada a pasar por este proceso? Si Dios tiene poderes ilimitados, ¿qué le impidió crear el Alma Única en un estado de perfección divina? ¿No es Dios omnipotente? ¿Por qué no creó un Alma que fuera exactamente como Él desde el principio?

Son cuestionamientos muy válidos.

LIBRO CUATRO: SEXO CON UNA SERPIENTE Y LA EXPULSIÓN DEL PARAÍSO

EL QUE PRETENDE

Imagina que tienes un doctorado en psicología, pero que tu padre, un reconocido psicoanalista, ha hecho siempre toda la tarea por ti; ha escrito todos tus trabajos y tus exámenes. Lo único que tú has hecho es recibir el diploma y el doctorado en el día de tu graduación.

¿Eres realmente un psicólogo? ¿Eres un profesional de la psicología en el verdadero sentido de la palabra? ¿O sólo eres un farsante?

Ahora sustituyamos en el ejemplo la palabra *psicología* por *divinidad*:

> Imagina que tienes un doctorado en divinidad, pero tu padre, el Dios verdadero, ha hecho siempre toda la tarea por ti; ha hecho todo el trabajo por ti y ha escrito tus exámenes. Lo único que tú has hecho es recibir el diploma en el día de graduación.

¿Eres realmente Dios? ¿Eres un Creador en el verdadero sentido de la palabra? Definitivamente no. No eres genuinamente como el Creador; sólo lo pretendes. Y la pretensión de llegar a ser como el Creador nunca eliminará el espacio entre el Alma y la Luz. Tiene que ser real, genuino, auténtico.

EL PODER DE GANARSE LAS COSAS

Como consecuencia, lo que el Alma necesitaba era la oportunidad de alcanzar ese estado perfecto de llegar a ser como Dios mediante su propio esfuerzo. Sólo de esta forma el Alma podría saber verdaderamente lo que significa ser como Dios; sólo así lograría el estado legítimo de parecerse a su Creador.

Esta última declaración es tan profunda, tan sublime, que te recomiendo que te tomes unos minutos para que dejar que se asiente en tu mente.

Muy bien. Ahora que has reflexionado acerca de esta noción, debes comprender con claridad ésta era la única forma en que el Alma podía verdaderamente ganarse y ser merecedora de alcanzar un estado Divino del ser, el verdadero estado de NO RECIBIR.

Ahora sí, entra la Serpiente en escena.

UN ANTIGUO ADVERSARIO

La Serpiente no es en realidad una víbora viscosa. Serpiente es otra palabra clave, una metáfora utilizada para describir a un rival u oponente: *una forma de conciencia adversaria* que se creó para combatir y desafiar al Alma Única.

Luchar contra la Serpiente en un auténtico *juego* le brinda al Alma algo a lo que resistirse. Es como desarrollar un músculo: cuanto más dura es la fuerza que resiste, más se fortalece. Así pues, el propósito de la Serpiente sería hacer de la *resistencia* un desafío dificultoso y, por lo tanto, merecedor del esfuerzo. Esto, a su vez, fortalecería el músculo de Dios que se halla dentro del Alma.

EL JUEGO

El juego en el que el Adversario y el Alma tomaron parte será explicado en dos niveles. La explicación del primer nivel del juego consistirá en un resumen simplificado. Una vez que lo hayas comprendido, te revelaremos los detalles del juego en su nivel más profundo.

He aquí el plan de juego de ambos jugadores:

> El objetivo del Alma es resistir el remanente de Luz resistiéndose a todo el Deseo. ¿Comprendido? Bien, sigamos.

El objetivo de la Serpiente es tentar al Alma para que reciba esta Luz, es decir, que no se resista a ella.

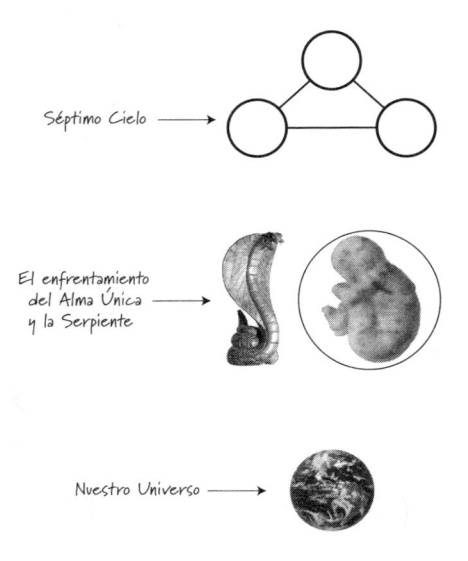

Séptimo Cielo

El enfrentamiento del Alma Única y la Serpiente

Nuestro Universo

SE TRATA DE LA CONCIENCIA

Tal como hemos aprendido, el Jardín del Edén no era un lugar físico, sino un reino de pura y simple energía, de conciencia absoluta. Lo mismo se aplica al Alma Única y a la Serpiente: no eran entidades físicas, sino entidades de energía, seres de conciencia pura, y por tanto, mucho más reales y auténticos. Sí, es difícil vislumbrar un reino de conciencia pura mientras vivimos en un mundo de videojuegos y de automóviles utilitarios, pero la siguiente explicación simplificará esta idea esencial.

> La tarea del Alma es ejercitar el Libre Albedrío. ¿Y qué es es Libre Albedrío? Es la decisión libre de recibir o no recibir; nada más y nada menos.

> La Serpiente representa la fuerza esencial del egoísmo y la acción de Recibir.

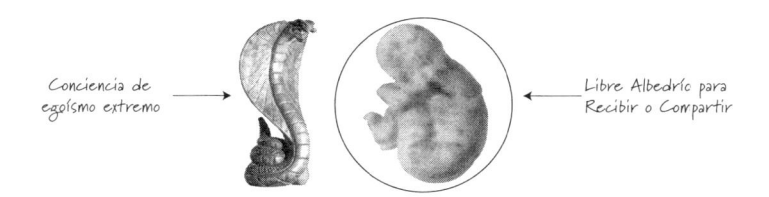

Conciencia de egoísmo extremo → ← Libre Albedrío para Recibir o Compartir

Entonces, en un nivel simple, el juego es en realidad una elección: recibir o no recibir. A primera vista parece una decisión sencilla. Obviamente, si el Alma decidiera no recibir, ganaría el juego. Pero detengámonos un momento. Por supuesto, no iba a ser tan fácil. La Serpiente escondía varios trucos bajo la manga . . . Revisemos ahora lo que ocurrió entre el Alma Única y la Serpiente hace mucho tiempo, en una dimensión muy lejana.

LA ASTUCIA DE LA SERPIENTE

Nos encontramos en el Jardín del Edén, y la Serpiente está lista para la batalla. La verdad es que ella nació para hacer este trabajo, ya que para cumplir su misión tendrá que ser astuta, calculadora y extremadamente engañosa; cualidades que posee sobradamente.

Sin embargo, la tarea de la Serpiente es bastante difícil, ya que en el Jardín del Edén la energía es la única realidad. Y esta energía *vibra* en presencia de la verdad. Por lo tanto, cuando se dice la verdad, puedes sentir la vibración en tu ser. Por otro lado, las mentiras y las falsedades pueden detectarse fácilmente. Entonces, sabiendo que la energía en el Edén brilla cuando se dice la verdad, resulta relativamente sencillo para el Alma Única distinguir entre la verdad y la mentira.

En respuesta a esto, la Serpiente concibe un plan muy inteligente. En una dimensión donde la verdad y la mentira se distinguen fácilmente, la Serpiente sabe que para evitar que la mentira sea detectada, debe cubrirla con una fina capa de verdad. En otras palabras, si logra camuflar la mentira con un velo de verdad, engañará al "detector de mentiras" del Jardín del Edén.

LA VERDAD ACERCA DEL ÁRBOL

Recordarás la lectura literal de la historia de Adán y Eva: Dios prohibió a la pareja comer la fruta inmadura del *Árbol del Conocimiento del Bien y del Mal* porque, de hacerlo, ambos morirían. Pero el manzano del Jardín del Edén no era un árbol físico, sino la representación cifrada de las Tres Dimensiones Superiores. Y la fruta, el Séptimo Cielo.

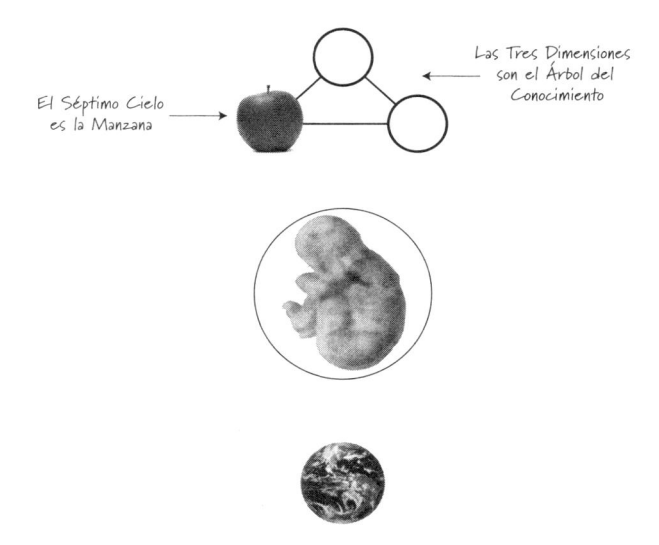

El Séptimo Cielo es la Manzana

Las Tres Dimensiones son el Árbol del Conocimiento

Cuando Dios dijo a Adán y Eva que no debían comer la fruta verde del árbol, quería decir que el Alma Única no podía conectarse a ese placer y recibirlo porque ese comportamiento era obviamente de Recibir. Como Recibir es la naturaleza opuesta de la Luz, ese acto tendría como consecuencia una mayor separación entre la Luz y el Alma.

La Serpiente sabía esto.

Entonces, ¿qué hizo la muy pícara?

EL PRIMER ARGU-MENTO DE LA SER-PIENTE

La Serpiente le dice al Alma que resistirse al remanente de la Luz le llevará mucho tiempo y esfuerzo, y que hay una forma más rápida y eficiente de conectarse con la Luz. La Serpiente le dice al Alma que PUEDE comer del Árbol y recibir placer **siempre que** lo haga con la conciencia pura y la intención de recibirlo con el **sólo propósito de compartir con el Creador**. Después de todo, nada hace más feliz al Creador que ver al Alma recibir placer.

Esto es absolutamente verdad.

Y el Alma Única percibe la vibración clara y evidente de esta verdad.

¿Por qué es verdad?

Presta atención a esta idea, porque representa el corazón y el alma de la Kabbalah, así como el propósito fundamental de la vida. La Serpiente explica que cuando una persona Recibe con el Propósito de Compartir, el acto de recibir **se transforma repentinamente en una acción de compartir**. Permíteme mostrarte cómo con un ejemplo.

UN REGALO PARA PAPÁ

Una niña pequeña decide hacer una nueva corbata para su papá. Dibuja una corbata en un papel, la colorea de rojo, naranja, marrón y morado y la recorta. Naturalmente, ella quiere compartirla con su padre. Cuando su padre recibe la corbata, muestra un gran entusiasmo y agradecimiento. Este acto de recibir **transmite** un placer muy grande a su hija.

Esto se llama *Recibir con el Propósito de Compartir*.

Dicho de otro modo, el padre no tiene deseo alguno de utilizar la corbata de papel; la recibe porque sabe que dará una gran alegría a su hija.

Entonces ocurre algo extraordinario:

> **La niña comparte al dar la corbata de papel a su padre, y el padre comparte y da placer a su hija al <u>recibirla</u>.**

Ambas partes expresan el concepto de compartir; sus naturalezas son idénticas.

La Serpiente usa este argumento y esta verdad espiritual para convencer al Alma de que se conecte directamente con la Luz.

EL SEGUNDO ARGUMENTO DE LA SERPIENTE

La Serpiente explica al Alma que si detiene todas las formas de recibir, quedará vacía. Y es lógico, teniendo en cuenta lo que hemos aprendido: que la Luz sólo puede manifestarse si existe alguien que desea recibirla. Si quiero compartir un plato de calabacines al vapor contigo pero a ti no te gustan las verduras, ¿podré *compartir* contigo? Por supuesto que no. No hay opción: debe existir un deseo verdadero para que el objeto pueda ser compartido.

Pues bien, la Serpiente le dice al Alma que sin una forma de Deseo de Recibir, la Luz nunca podrá llenarla. Por lo tanto, en lugar de resistirse al Deseo de Recibir —lo cual dejaría al Alma inevitablemente vacía—, la Serpiente le dice al Alma que el acto de Recibir con el propósito de Compartir le garantizará una conexión segura y eterna a la Luz, ya que el Alma estará recibiendo y compartiendo al mismo tiempo.

Esto es verdad.

La Serpiente continúa su argumento explicando el objetivo principal del Alma . . .

EL OBJETIVO DEL ALMA

El objetivo principal del Alma es aprender a Recibir, no para sí misma sino con el Propósito de Compartir. Al Recibir con el

Propósito de Compartir, el Alma transforma automáticamente el rasgo de Recibir en rasgo de Compartir. Así, tanto la Luz como el Alma, **están compartiendo**.

¿Y sabes qué? Ahora, según la Ley de la atracción, la Luz y el Alma pueden reunirse porque igual atrae a igual. Ésta es la clave, el secreto para lograr la conexión con la Luz.

(*No* continúes leyendo este capítulo hasta que comprendas completamente este concepto, porque es la clave para todo lo demás.)

La Serpiente le dice al Alma Única que ésta es la forma fundamental de conectarse con la Luz.

Esto es verdad.

EL TERCER ARGUMENTO DE LA SERPIENTE

En respuesta a la advertencia de que el alma "morirá" si prueba la fruta inmadura, la Serpiente dice que esto sucederá sólo si el Alma recibe el placer de forma egoísta y sólo para sí misma.

Esto es verdad.

Después de todo, recibir es el opuesto de la Luz. Recibir causaría una separación y una desconexión (muerte) entre la Luz y el Alma. Por lo tanto, la Serpiente le dice al Alma que siempre que se conecte a este reino **sólo con el Propósito de Compartir**, no sólo no morirá, sino que tomará posesión del Paraíso (la conexión fundamental con la Luz) para toda la eternidad.

Esto también es verdad.

Ahora sigamos con cuidado la siguiente cadena de sucesos:

¡CONEXIÓN!

El Alma se da cuenta de que todo lo que dice la Serpiente es completamente cierto. Por lo tanto, el Alma decide intentarlo. En lugar de resistir el remanente de la Luz, el Alma reúne tanto poder de meditación como le es posible y se enfoca en recibir la Luz con el propósito de compartir placer con el Creador. Así, el Alma se conecta con el Séptimo Cielo (es decir, Eva muerde la manzana).

¡Y funciona! El Alma logra establecer una conexión con el Séptimo Cielo y experimenta un placer inimaginable. Es más: no muere. Por el contrario, el Alma permanece mucho más viva y en un estado de éxtasis que es *60 veces más poderoso* que el mejor orgasmo sexual. Aparentemente, la Serpiente tenía razón.

NADA DE QUE AVERGONZARSE, NADA ESCANDALOSO

Los Kabbalistas señalan que la intención del Alma a lo largo de toda esta experiencia fue honorable desde el principio. No hubo ningún acto de desobediencia, tal como establece la Biblia. No hubo deshonestidad en el comportamiento del Alma. El primer "mordisco de la manzana" fue incitado por un impulso puro y por la buena intención de recibir placer para compartir con el Creador.

Sin embargo, debemos recordar que . . .

EL CAMINO AL INFIERNO ESTÁ PAVIMENTADO DE BUENAS INTEN- CIONES

Soy sólo un alma con buenas intenciones
Oh, Señor, no dejes que me malinterpreten.
—The Animals

Los kabbalistas nos dicen que, en realidad, la Serpiente sólo le contó mentiras al Alma. ¿Mentiras? ¿Cómo puede ser? Las vibraciones deslumbrantes de la verdad fluyendo por el Edén cuando el Adversario pronunció estas palabras indicaban todo lo contrario. La solución a este enigma se encuentra en el término bíblico "fruta inmadura".

En la historia bíblica tradicional, Dios le dice a Eva que no coma del Árbol del Conocimiento porque sus frutas son "inmaduras".

LA KABBALAH REVELA UN SECRETO PROFUNDO:

El término *inmaduro* **se refiere al Alma**, y no a una pieza de fruta. En otras palabras: el Alma consumió la asombrosa Luz del Séptimo Cielo **antes** de estar lo suficientemente madura para manejar su impacto. ¿Qué quiere decir "inmadura"? Específicamente, quiere decir antes de que el Alma haya expulsado el 100 por ciento de su

Deseo de Recibir. Recuerda, en lugar de resistir el residuo de la Luz y bloquear todo el deseo, el Alma hizo lo contrario: recibió. Como consecuencia, la conexión se hizo de forma prematura, tal como verás en el siguiente ejemplo.

EL ADICTO A LA COCAÍNA

A una persona que promete abstenerse de un deseo concreto antes de haberlo probado le será más fácil cumplir su promesa que a otra que ya ha experimentado el placer. Por ejemplo, a quien nunca ha probado cocaína le es más fácil resistirse a una raya de cocaína que a alguien que ya ha experimentado sus efectos. La segunda persona requiere mucha más fuerza de voluntad para resistir la tentación, porque el polvo blanco ya ha estado en su sistema. La segunda persona ya ha experimentado el placer.

Al respecto, el Kabbalista Rav Áshlag dijo:

> *La primera persona puede abstenerse de su lujuria de una vez y para siempre. Sin embargo, no es éste el caso de la segunda persona, quien necesita un esfuerzo superior para retirarse gradualmente de su antojo hasta librarse de él por completo.*

Y, tal como veremos, la Serpiente era muy consciente de todo esto.

EL SEGUNDO MORDISCO

El Alma nunca había probado del "fruto" del Séptimo Cielo antes de conectarse con él por primera vez. Por lo tanto, era fácil dar el primer mordisco con la intención pura de impartir placer al Creador. Sin embargo, **después de dar ese primer mordisco**, sucedió algo inesperado. El placer del primer mordisco descontroló la naturaleza de Recibir del Alma. Recuerda que la Serpiente le dijo al Alma que no debía perder tiempo resistiendo el residuo de la Luz. En lugar de Resistir, la Serpiente le dijo que debía Recibir con el Propósito de Compartir.

¿Pero qué sucedió? El Alma se vio invadida por un deseo incontrolable de obtener más Luz, más placer después de haber probado la Luz. Fue como la semilla de la adicción. Con el primer mordisco se abrió una caja de Pandora. Como consecuencia, en el Segundo mordisco, el Alma no pudo resistir su *Deseo de Recibir*, dado que éste se había multiplicado enormemente.

EL SEGUNDO MORDISCO

El problema del segundo mordisco puede comprenderse de un modo más práctico. Consideremos el sexo. Antes de tener relaciones sexuales, un hombre puede tomar una decisión consciente de retrasar el momento del orgasmo. La intención del hombre es pura; está haciendo un intento honesto de posponer su propio placer para compartir más placer con su pareja. Sin embargo, cuando toma la decisión de retrasar ese momento, todavía no está probando el placer. Y entonces, cuando el placer comienza a apoderarse de él durante la fase inicial de la relación sexual, la excitación se vuelve irresistible. De repente, abandona todas sus buenas intenciones y alcanza el orgasmo inmediatamente.

Esto es exactamente lo que le sucedió al Alma.

Rav Áshlag dice:

> *Cuando la mujer (refiriéndose al aspecto de Recibir del Alma) aún no había probado la fruta y se encontraba en el estado de compartir, le fue fácil dar el primer mordisco con la intención pura de compartir placer con el Todopoderoso.*
>
> *Pero después de probarla, un fuerte anhelo por la fruta se apoderó de ella y ya no pudo resistirse. Éste es el significado de la declaración de nuestros sabios, bendita sea su memoria, cuando afirmaron: "comieron de la fruta inmadura".*

Como resultado, durante el segundo mordisco, el Alma no pudo *Recibir con el Propósito de Compartir*. Al probar la delicia inimaginable del Séptimo Cielo, se despertó su interés por sí misma. En otras palabras, el Alma se conectó antes de haber adquirido la capacidad completa para controlar permanentemente sus impulsos de recibir. El Deseo de Recibir no estaba totalmente eliminado de su naturaleza. El Alma se conectó prematuramente con el placer del Séptimo Cielo y, por lo tanto, el *Deseo de Recibir* se disparó durante el segundo mordisco.

Se necesitaba más Resistencia para erradicar el rasgo de Recibir. El primer mordisco fue puro. El segundo no lo fue.

KABBALAH Y SEXO

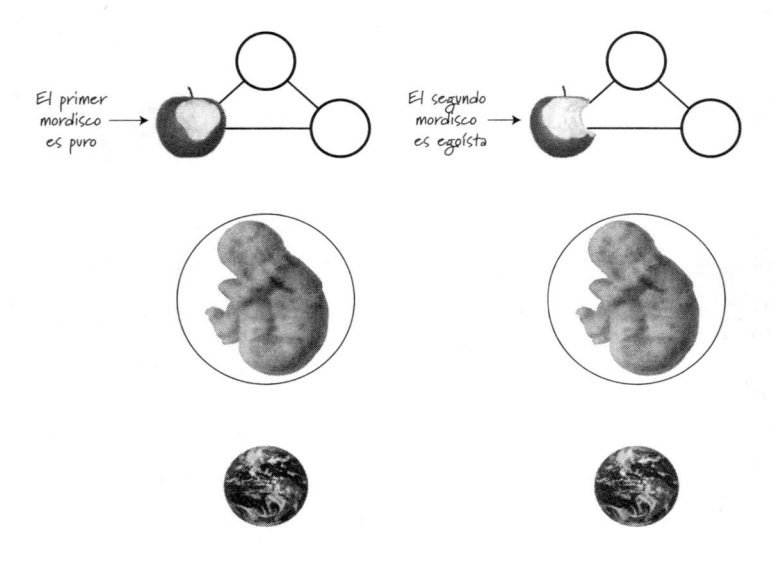

La Serpiente sabía esto desde el principio. Es por eso que los kabbalistas dicen que la Serpiente sólo dijo mentiras.

EL JUEGO VER-DADERO

¿Estás listo para profundizar un poco más? ¿Listo para seguir entrenando tus músculos mentales para entender mejor los acontecimientos que tuvieron lugar en el Edén? Prosigamos.

La Serpiente fue creada por el Creador para desafiarnos; no era una criatura demoníaca, no era la malvada víbora sobre la que aprendimos en la escuela. La Serpiente era en realidad un ángel, una fuerza espiritual y celestial creada de Luz Divina, igual que el Alma Única. Era una fuerza hermosa, irresistible y angelical.

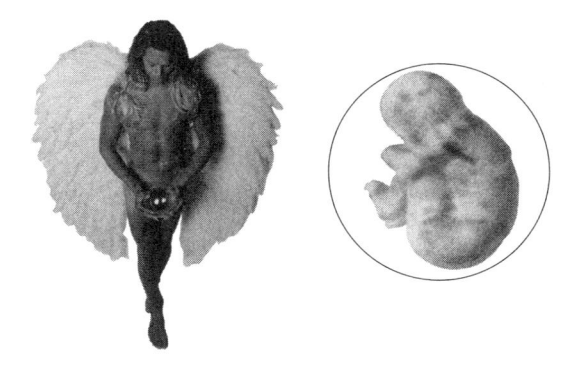

LA CONFRONTACIÓN ENTRE EL ADVERSARIO Y EL ALMA ÚNICA

Y el juego que jugaban el Ángel y el Alma Única era . . . ¡el juego del sexo! Específicamente, la conexión que se llevó a cabo entre el Alma y el Séptimo Cielo fue en realidad una conexión sexual entre el Adversario y el Alma, aunque no involucró cuerpos materiales. Fue sexo en un nivel espiritual, en el reino de la conciencia. Pero no te equivoques: fue sexo de todos modos.

UN MAYOR DESEO Y EL NACIMIENTO DEL EGOÍSMO

Cuando el Alma dio el segundo mordisco, su deseo se disparó a causa del placer inimaginable que había experimentado. Compáralo con una persona que está a dieta y se controla todo el día. Sin embargo, cuando llega la noche, comienza a sentir un gran deseo de comer algo dulce. Lo que sucede es que si la persona hace trampa y se come un trocito de chocolate, entonces el placer se apodera de ella y termina devorando la tableta de chocolate entera. Sin embargo, si puede evitar ese primer mordisco, obtendrá la fuerza de voluntad suficiente como para resistir ese deseo durante el resto de la noche.

Ese primer instante de sabor es el que lleva a la perdición, porque dispara el deseo. No sólo nos comemos ese pequeño trocito de delicioso chocolate, sino que también nos comemos una caja entera de Oreos para apaciguar nuestro deseo descontrolado.

Lo mismo le sucedió al Alma. Cuando probó el primer mordisco, el deseo se disparó. Luego, en el segundo mordisco, el Alma se vio forzada a comer el equivalente a un paquete de Oreos en forma de Luz. De repente el Alma ingirió una oleada masiva de energía.

En otras palabras, durante la relación sexual que tuvo lugar entre el Alma y el Adversario, el Alma inicialmente estaba recibiendo placer sólo con el Deseo de Compartir. Sin embargo, al experimentar este placer sexual, el Alma cambió repentinamente el estado de su conciencia: pasó de Compartir al deseo egoísta. Así, comenzó a Recibir sólo para sí misma y perdió el control. Esto tendría consecuencias devastadoras.

KABBALAH Y SEXO

EL ORIGEN DEL ALMA HUMANA

Voy a abandonar el mundo por un tiempo
Y estoy libre, estoy cayendo libremente.
— Tom Petty

La mega expansión del deseo del Alma absorbió una cantidad inimaginable de exceso de energía del Séptimo Cielo. Esa inmensa oleada penetró en el Alma durante el segundo mordisco, lo cual fue como si se conectara una tostadora directamente a una planta nuclear. La sobrecarga de energía fue tan grande, que rompió al Alma en dos, creando dos energías separadas: la femenina y la masculina. Fue así como Adán se desprendió de Eva. Luego, estas dos mitades volvieron a fracturarse, dividiéndose en incontables pedazos. Este fraccionamiento fue el origen de las almas humanas.

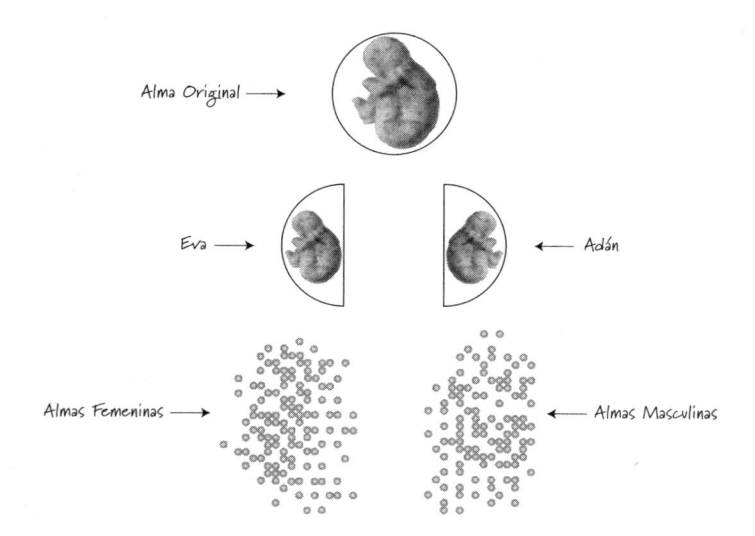

Alma Original ⟶

Eva ⟶   ⟵ Adán

Almas Femeninas ⟶   ⟵ Almas Masculinas

EL DESCENSO A LA MUERTE

Aquel nuevo deseo intensificado del Alma creó todavía más diferencias de las que ya había entre el Alma y la Luz. De lo cual, debido a la Ley de la atracción, provocó una separación aun mayor entre ambas. Todas estas chispas creadas por el rompimiento descendieron hasta la dimensión más baja de todas: nuestro universo físico.

Y este es el secreto que se halla oculto detrás de la frase bíblica *La Caída de Adán*. También es el código oculto tras la *Expulsión del Jardín del Edén*. El incremento de las disimilitudes distanció al Alma de la Luz, expulsándola fuera del Jardín del Edén (las Seis Dimensiones) y llevándola hasta la dimensión más remota de todas: nuestro universo.

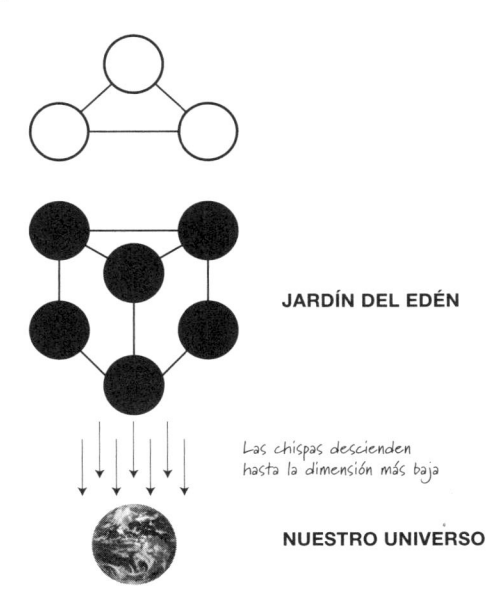

JARDÍN DEL EDÉN

Las chispas descienden hasta la dimensión más baja

NUESTRO UNIVERSO

En este reino distante y físico, la muerte formaba parte del paisaje. Y este es el motivo por el cual el Creador les dijo a Adán y a Eva que probablemente morirían si probaban la fruta prohibida.

EL NACIMIENTO DEL ÁTOMO

Ahora podríamos decir que Adán se convirtió en un átomo. Más específicamente, las chispas fragmentadas de Adán se convirtieron en la fuerza que dio nacimiento al protón y a todas las almas masculinas. Por eso los protones tienen una carga positiva (+). Adán era el aspecto positivo (+) del Alma Única.

Las chispas fragmentadas de Eva se convirtieron en la esencia del electrón y de todas las almas femeninas. Ésta es la razón por la que el electrón tiene una carga negativa (-). Eva representaba el polo negativo (-) del Alma Única. Y el acto consciente de Resistencia del Alma se expresó como el neutrón dentro del átomo.

Todo en nuestro Cosmos es un trozo del Alma Única, incluyendo el reino animal, vegetal e inanimado. Por ello todos los reinos están formados a partir de la misma materia primaria: el *átomo*. El átomo contiene las fuerzas originales de la Creación. El átomo es un *microcosmos* de la Creación original.

> La Luz (+)
> El Alma (-)
> El Acto de Resistencia (ø)

Si piensas en ello, estos conceptos son muy profundos. Por primera vez en la historia de la humanidad tenemos una explicación de cómo y por qué el átomo comenzó a existir. En verdad, el átomo es sólo conciencia en forma material. Fue la conciencia de la Luz, el Alma y el acto de Resistencia (protón, electrón y neutrón) lo que causó la Creación. La única razón por la cual este concepto puede ser difícil de comprender es porque la ciencia denominó "protón" a la fuerza positiva de la conciencia. Si la ciencia hubiera utilizado el nombre *Luz*, habríamos comprendido rápidamente la naturaleza de la historia de nuestra Creación. Del mismo modo, si la ciencia hubiera utilizado el término *Alma* para el electrón y *Resistencia* para el neutrón, la explicación que da la Kabbalah sobre la Creación y la naturaleza de la realidad habría sido exactamente igual a la explicación de la ciencia. De hecho, son explicaciones idénticas. Sólo los nombres difieren.

LAS PARTES CON-
TIENEN EL TODO

Después de la fragmentación del Alma en pedazos, iba a ser tarea de los humanos (que representan la parte más grande del Alma fragmentada) elevar toda la Creación a través de su propia transformación. En otras palabras, cada ser humano individual debe Resistirse al egoísmo, que no es más que el *Deseo de Recibir* intensificado del Alma. Cada persona tiene la tarea de completar una porción del trabajo que se dejó inacabado en el Edén.

Entonces ¿por qué no recordamos nada de esto?

Te lo explicaré brevemente. El objetivo original del Alma sigue siendo el mismo. El esfuerzo de transformación que estaba unificado en una sola masa (el Alma Única) se separó en una gran cadena de muchos eslabones: las almas masculinas y femeninas que componen la cadena de la existencia humana, generación tras generación.

EL SIGNIFICADO DE LA EXISTENCIA

El propósito de la vida y del trabajo que vinimos aquí para realizar sigue siendo el mismo:

Resistir por completo el *Deseo de Recibir para Sí Mismo* y transformarlo en el *Deseo de Recibir con el Propósito de Compartir.*

Recuerda, el Alma no terminó su tarea de resistirse al deseo en el Edén. Por el contrario, siguiendo el falso consejo de la Serpiente, el Alma intentó Recibir con el Deseo de Compartir **antes** de haber resistido todo su deseo. Lo cual fue un error, ya que el Alma se conectó con el placer demasiado rápido. Esto también sucede en nuestra vida diaria. La clave para el éxito en la vida es la siguiente:

Para que el deseo no tenga ningún tipo de control sobre ti, primero debes deshacerte de todo deseo egoísta.

Una vez que te hayas librado de él *completamente*, puedes recibir placer, pero esta vez con el propósito de compartir el placer con otros. Si te conectas demasiado pronto, es decir, si te conectas cuando todavía queda deseo egoísta dentro de ti, el placer de la Luz te superará y tu deseo se disparará como en ese segundo mordisco. Y si te conectas sólo para recibir placer de manera egoísta, es decir, si tu comportamiento no contempla el aspecto positivo de compartir, te desconectarás inevitablemente de la Luz y caerás en la oscuridad.

Claramente, la forma y el lugar en que debemos lograr la Resistencia y llegar a Compartir han cambiado, pero el método para lograr el placer, asegurar nuestra plenitud y atraer la Luz verdadera a nuestras vidas sigue siendo el mismo:

- **Cada vez que resistes tu deseo egoísta de recibir, te conectas con la Luz.**
- **Cada vez que recibes de forma egoísta, te desconectas de la Luz.**

LA SITUACIÓN DE MARK

Nuestro amigo Mark tuvo relaciones sexuales con todas las mujeres que pudo, pero no porque estuviera interesado en compartir. Su propio interés era su única motivación. Él no estaba compartiendo, sino recibiendo. Mark lo relata de la siguiente forma:

> Al recibir una felación o al tener sexo con dos chicas, incluso cuando tenía sexo con mi novia, siempre pensaba en mí. Nunca tomé en cuenta a las mujeres con las que estuve, más allá de lo que yo podía obtener de ellas en la relación.

Por consiguiente, Mark lograba placer y Luz temporal, pero después quedaba destrozado. Él seguía repitiendo el mismo error que todos cometimos en el Edén:

Él recibía, en lugar de compartir.

Desde el punto de vista espiritual y emocional, Mark descendió al reino de la muerte, es decir, a la muerte del placer, la muerte de una relación, la muerte de su propia felicidad.

LA SITUACIÓN DE CARRIE

Carrie, nuestra ingeniera informática, disfrutaba del sexo en trío porque le hacía sentir bien **a ella**. Sin embargo, Carrie no tenía el deseo de compartir su amor o su alma con otra persona. Por el contrario, sólo estaba motivada por su propio deseo físico de "tocar el cielo". Ella pensaba en su propio placer erótico, pero no en el de sus parejas. La idea de tener sexo oral con otra mujer la excitaba mentalmente. Aun cuando Carrie tocaba a otros para darles placer, no estaba compartiendo verdaderamente; tocaba y besaba a otros para excitarse. Pensemos en eso como *compartir con el propósito de recibir*, lo cual en realidad no es compartir, sino una forma de recibir disfrazada de compartir. En otras palabras, Carrie era el centro de todo. Como resultado, esa forma egoísta de recibir destrozó su felicidad, de la misma forma que la Luz sobrecargó al Alma durante el segundo mordisco en el Edén.

Carrie guardó toda la Luz para sí misma, por lo que no pudo manejar la sobrecarga. No estaba compartiendo nada de su energía. En consecuencia, el estado opuesto al estado del Creador (Recibir en lugar de Compartir) la llevó a caer en la oscuridad y a distanciarse de la Luz de la Realidad del 99 por ciento. No lo dudes: la Ley de la atracción es irrevocable.

Hemos llegado al final del Libro Cuatro. Permíteme resumir todo lo expuesto hasta aquí. Este modelo servirá de base para comprender el sexo y las almas en un nivel mucho más práctico.

LIBRO CUATRO: SEXO CON UNA SERPIENTE Y LA EXPULSIÓN DEL PARAÍSO

RESUMIENDO TODO EL SISTEMA

EL COMIENZO

Primero había Luz, la esencia de la felicidad infinita.

La Luz creó un Alma Infinita para que Recibiera la felicidad.

Esto creó la Unión Sexual perfecta.

LA LEY DE LA ATRACCIÓN

Las naturalezas opuestas de la Luz y el Alma —Compartir frente a Recibir— crearon repentinamente una separación.

Sin embargo, el Alma heredó el ADN de Dios, que incluye el potencial de Compartir y, por lo tanto, el potencial de volver a unirse a la Luz.

RESISTENCIA

El Alma DETUVO el acto de recibir Luz con el propósito de eliminar el único rasgo que estaba causando la separación: *recibir*. Esto se llama Resistencia.

Esta acción eliminó el 99 por ciento de la Luz, pero quedó un residuo.

El Alma debió resistir la cantidad remanente de Luz para que no quedara ningún resto de Luz ni de Deseo.

RETIRADA DE LA LUZ

- En respuesta a la resistencia del Alma a recibir la Luz, ésta se retiró.

- El Big Bang explotó, creando un espacio que incluía nuestro universo.

DIEZ CORTINAS

- Se colgaron diez cortinas para crear el espacio.

- Éstas formaron diez dimensiones con diferentes gradaciones de oscuridad.

- Las Diez Dimensiones están configuradas así:
  - Tres Dimensiones Superiores, que incluyen el Séptimo Cielo.
  - Seis Dimensiones Intermedias, también conocidas como el Jardín del Edén.
  - Nuestro Universo físico de oscuridad y muerte.

EL JUEGO EN EL JARDÍN

- El Alma Única habitaba en el Jardín que se encuentra justo encima de nuestro universo.

- El Alma debió continuar resistiendo el remanente del Deseo de Recibir.

- Resistir todo el Deseo permitiría al Alma emular por completo al Creador —quien no tiene deseo alguno— y llegar a ser como Dios.

EL ADVERSARIO

Se creó una fuerza angelical, la Serpiente, para evitar que el Alma resistiera el Deseo de Recibir.

La existencia de este Adversario tenía un propósito noble: permitir que el Alma, mediante un difícil desafío, realmente *llegara a ganarse* y sintiera lo que significa llegar a ser como Dios.

El objetivo de la fuerza angelical fue engañar al Alma para que recibiera de forma egoísta.

EL ENGAÑO

El Adversario le dijo al Alma que se conectaría con la intensidad completa del placer si lo hacía con el Propósito de Compartir. Esto era verdad, y se realizó a través de una conexión sexual entre el Alma y el Ángel, que era un enviado de la Luz.

El Alma y el Ángel tuvieron sexo, lo que no supuso un problema al principio. Pero de repente, el deseo del Alma se disparó y el Alma comenzó a experimentar egoísmo extremo a causa del placer increíble que estaba sintiendo.

EL SEGUNDO MORDISCO

Como resultado, la segunda conexión con el placer fue mucho más intensa de lo que el Alma podía soportar. Fue como conectar una lámpara directamente con una planta de energía nuclear.

ADÁN Y EVA

- El Alma quemó sus circuitos, estalló y se dividió en dos, creando las energías masculina y femenina: Adán y Eva.

LA FRAGMENTACIÓN DEL ALMA

- Las dos mitades del Alma Única continuaron dividiéndose en fragmentos incontables que comenzaron a caer a la dimensión más baja . . . ¡la nuestra! Estos fragmentos incluían todas las almas de la humanidad.

EL PROPÓSITO DE LA VIDA

- Las almas individuales ahora tienen la tarea de transformarse para erradicar el egoísmo de su naturaleza y aprender a Recibir con el Propósito de Compartir.

- Dado que Recibir con el Propósito de Compartir se considera un acto puro de Compartir, el Alma y la Luz pueden reunirse.

Aquí tienes 4.000 años de extenso estudio kabbalístico, entendido en el pasado sólo por las mentes más grandes de la historia, resumidos en unos cuantos puntos simples.

LA CONEXIÓN ENTRE EL SEXO Y LA HISTORIA DE LA CREACIÓN

¿Por qué es todo esto tan importante? ¡Porque esta cosmología es el anteproyecto del sexo humano! El axioma del que emerge toda la existencia. Además, nos da la fórmula para generar la Luz, la plenitud y el placer sexual en nuestras vidas.

¿Y cómo lograremos estos objetivos? Aprendiendo a conectarnos nuevamente con el Séptimo Cielo y comprendiendo la estrecha relación entre lo que sucedió allá arriba y lo que se generó aquí abajo.

LIBRO CINCO
ALMAS, PECADO, SEDUCCIÓN Y SEXO

EN LA PRÁCTICA

Desde el punto de vista cósmico, sabemos que la tarea del Alma (Adán y Eva) era resistir el *Deseo de Recibir y transformarlo en el Deseo de Recibir con el Propósito de Compartir*. Ahora es tiempo de poner todo esto en la práctica y aplicar esta sabiduría a nuestra vida diaria, dándole un sentido útil.

El Zóhar nos dice que la Realidad del 1 por ciento en la que vivimos es un reflejo del 99 por ciento. Nuestro mundo es un espejo de la realidad oculta tras la cortina. Siguiendo esta línea de pensamiento, todo lo que expusimos sobre la historia de la Creación de Adán y Eva debe también reflejarse en la existencia terrenal.

Y así es.

ALGUIEN CON QUIEN COMPARTIR

La fragmentación del Alma Única se refleja en todas las almas masculinas y femeninas que caminan sobre este planeta, tanto presentes como pasadas y futuras. Tal fragmentación creó una posibilidad para la humanidad: nos dio a alguien con quien interactuar, compartir y crecer para poder transformarnos a nosotros mismos en el proceso. Es mediante la interacción con otras personas que nuestro deseo egoísta se dispara, y ahora tenemos la oportunidad de resistirnos a esos deseos. Asimismo, al interactuar con los otros, también tenemos la oportunidad de compartir. Es decir, podemos aprender a Recibir con el Propósito de Compartir con el resto de las personas en nuestras vidas.

Todos los fragmentos del Alma nos han dado compañeros para el juego de la vida. Relacionándonos, todos y cada uno de nosotros tenemos la oportunidad de transformarnos de dejar de ser personas egoístas que sólo buscan recibir, para pasar a ser personas que quieren compartir y se comportan como el Creador. De esta forma es cómo nos ganamos la increíble plenitud que es nuestro destino final.

ALGUIEN CONTRA QUIEN JUGAR

Para hacer del juego de la vida un verdadero desafío —tal como lo fue en el Jardín del Edén— se necesita un Adversario. Después de todo, si Compartir fuera fácil y Resistir no requiriera ningún esfuerzo, nunca podríamos ganarnos y comprender lo que significa llegar a ser como Dios. Así pues, la participación del Adversario es fundamental en este descabellado juego llamado vida.

Lo es. Aunque es probable que no lo supieras hasta hoy.

EL ADVERSARIO INTERIOR

El Adversario es el ego, nuestra mente racional, todos nuestros deseos egoístas. El Adversario es tu ira, tu inseguridad y tus miedos. El Adversario es cada reacción que el mundo externo dispara dentro de ti.

El Adversario es la misma razón por la que olvidaste todo acerca de tu verdadero origen y el significado de la vida. El Adversario también te hace ignorar, o al menos dudar, de su existencia.

¿Es un buen adversario, verdad? Si dudas de la historia de la Creación, es porque el Adversario está sembrando esa duda en tu mente. ¿O pensabas que lograr *para siempre* el poder de un orgasmo multiplicado por 60 iba a ser fácil? De ninguna manera. El Adversario es muy bueno en su juego, y ha sido un ganador durante miles de años. Es más, el Adversario es la causa invisible de todos los conflictos y guerras que ocurren entre parejas sexuales, familias, tribus y naciones.

ENCONTRÁNDOTE

El único momento en que puedes encontrarte y conectarte con tu verdadero yo es cuando te resistes a tu ego, a tus reacciones, a tus deseos egoístas y a todas tus dudas. Entonces sucede algo mágico: te conectas con tu alma y con la *Realidad del 99 por ciento*.

Resistiéndonos al Adversario es como nos reunimos con la Luz.

Resistir al Adversario es un proceso que se realiza paso a paso y que dura toda una vida. Debemos hacerlo en los negocios, con nuestras amistades, nuestro matrimonio y nuestra vida sexual. Cuando por fin logramos resistir completamente al Adversario en todas las áreas de nuestra vida, obtenemos la conexión total con la Luz de la Realidad del 99 por ciento.

Si la mayoría de los humanos se resistiera por completo al Adversario en cada aspecto individual de su vida, todo el mundo lograría la conexión con la Luz del 99 por ciento. De pronto, obtendríamos para siempre el paraíso, el cielo en la tierra y la plenitud eterna. (Por supuesto, ahora el Adversario te hará dudar también de esta promesa.)

La Kabbalah tiene un sólo propósito: darte el poder, mediante la conciencia y las herramientas necesarias, para resistir y derrotar al Adversario en todas las áreas de tu vida. Es un esfuerzo de por vida. El propósito de este libro es que obtengas el *cielo en la tierra* en el área específica de tu vida sexual.

LA RESPONSABILIDAD DE LA HUMANIDAD

Sin duda, el deseo más profundo del alma humana es reunirse con su fuente original, la Luz infinita y eterna del 99 por ciento.

Ésta es la raíz de todo deseo humano, y no existe nada de naturaleza material que pueda satisfacerlo. Por otra parte, si bien este anhelo cósmico persiste en toda la existencia, tanto en el reino vegetal como en el animal, sólo el ser humano, gracias a la magnitud de su alma interna, puede efectuar la reunificación final. Con esta condición especial del alma humana viene tanto una promesa como una obligación. La promesa es que tendremos la capacidad espiritual de desarrollarnos y evolucionar, pues nuestro potencial para inyectar significado y luz en nuestras vidas es mayor que el de las rocas y las plantas. Lo haremos erradicando nuestros rasgos negativos y resistiéndonos a nuestros deseos egoístas. En esta promesa está implícito nuestro único acceso al 99 por ciento y a la Luz que puede eliminar la oscuridad del paisaje de la civilización humana.

Nuestra esencia es tanto terrenal como celestial. Somos de este mundo y estamos formados de polvo de estrellas. Igual que otros seres vivos, comemos, dormimos y somos influenciados por el feroz impulso de nuestros instintos primitivos. Pero no somos solamente animales; tenemos *Libre Albedrío* para escoger no reaccionar a los impulsos egocéntricos. Tenemos *Libre Albedrío* para resistir nuestros deseos egoístas.

En la actualidad, los especialistas en genética han comenzado a revelar y a trazar los mapas de los códigos genéticos de humanos y animales. Gracias a ellos sabemos que el ADN humano es asombrosamente similar al de los más inteligentes primates, nuestros parientes evolutivos más cercanos. A primera vista, de hecho, el ADN humano y el del chimpancé son casi iguales; pero hay una pequeña diferencia. Ese 1 por ciento de diferencia nos abre las puertas de un universo inmenso y misterioso. Ese 1 por ciento nos eleva; representa a la inefable alma humana y su enorme Deseo de Recibir.

Cuando nos comportamos como animales —de forma impulsiva, reactiva y guiados sólo por nuestro propio interés— nos estamos negando a este don único del Infinito. Estamos dando la espalda a nuestra humanidad y a la promesa cósmica de lo que podemos llegar a ser. Por lo tanto, nos corresponde a todos elevar este mundo y revelar lo sagrado a través de nuestras conductas e interacciones con los demás, de nuestras conexiones sexuales y de nuestra propia transformación espiritual.

El mundo se eleva y cae por esto. La tarea de nuestro ego, el Adversario, es convencernos hoy y todos los días de que esto no es en absoluto verdad. Sin embargo, tu Libre Albedrío te permite rechazar este escepticismo y darte cuenta de que tu bondad y tu comportamiento proactivo, tanto en el trato con tus amigos como con tus enemigos, es la única forma de eliminar la oscuridad de tu vida y de este mundo. La bondad no está basada en la moralidad. La bondad es, de hecho, la forma sublime de la codicia. Vale la pena para todos.

TAL COMO ES ARRIBA, ASÍ ES ABAJO

Todos los días tenemos la oportunidad de lograr el objetivo de resistir al Adversario mediante la interacción con otras personas, ya sea en el trabajo, en nuestras relaciones sociales, amistades, lazos familiares, matrimonio y, por supuesto, a través del sexo.

Cada vez que un individuo se resiste a una reacción, se conecta con la Realidad del 99 por ciento. Como resultado de su esfuerzo, **el mundo entero** TAMBIÉN se eleva y recibe la Luz. Del mismo modo, cada vez que un individuo escoge reaccionar y seguir los caprichos de su propio ego, la distancia entre él y la Luz se agranda un poquito. Y como resultado, TODO el mundo se vuelve un poco más oscuro.

Sé lo que estás pensando: *"¿Por qué no podemos ver el efecto profundo que causa nuestro comportamiento personal en el mundo?"* Por una razón: porque en todo momento las acciones de todas las personas están afectando al mundo de forma simultánea. Es imposible percibir la influencia que nuestras acciones bondadosas o de compartir tienen en la realidad. El estado del mundo, la condición de la civilización humana, es simplemente la suma total de nuestras acciones. De igual manera, el estado de nuestras relaciones sexuales es el resultado de nuestro comportamiento hacia todas las personas en nuestra vida.

EL ADVERSARIO CONTRAATACA

Por lo general, en esta coyuntura, el Adversario —nuestro ego— alza la voz para decirte: *Esto no es verdad. El mundo es aleatorio. Mis propias acciones no pueden afectar al mundo entero. Tengo que cuidar de mí mismo en esta existencia tan competitiva.*

Son los viejos trucos del Adversario.

- Te hace creer que su voz es TU voz.

- Te hace creer que tu comportamiento no tiene ningún impacto en el mundo.

- Te hace creer que estás indefenso, que eres insignificante e intrascendente.

Esto no es verdad. De hecho, tus acciones no sólo cambian "un poco" el mundo. La Kabbalah dice que tus acciones cambian TOTALMENTE el mundo. Cuando te resistes a reaccionar, produces una transformación en todo el planeta.
Desafortunadamente, cuando alguien trata a otra persona con intolerancia, también produce cambios en el planeta entero. Pero eso hace que tus acciones sean aun más importantes.

Todo tiene un impacto en el universo. ¡Todo! Nunca lo olvides.

POSIBILIDADES INNUMERABLES

Como consecuencia de todos aquellos fragmentos de almas que habitan en nuestro mundo, nos vemos enfrentados a numerosas oportunidades para establecer relaciones a corto plazo, relaciones sexuales múltiples y sexo de una noche. Ante tanta diversidad de opciones, ¿cómo podemos distinguir entre el placer fugaz de una aventura amorosa y la plenitud profunda de una relación a largo plazo basada en el verdadero amor?

ALMA GEMELA

Cuando el Alma Única se fragmentó en pedazos, como un gran rompecabezas cósmico, cada pieza masculina tenía una pieza correspondiente del aspecto femenino. Cada uno de nosotros tiene un alma gemela en algún lugar de este mundo, es decir, la otra mitad de aquella pieza inicial del rompecabezas. Cuando dos piezas se juntan en una unión verdadera de almas gemelas, se está reconstruyendo lentamente el Alma original.

Por lo tanto, si conoces a tu alma gemela, sentirás algo profundamente indescriptible por esa otra persona. No el estallido de placer y pasión que comúnmente acompaña el capricho de un enamoramiento, sino algo muy profundo. Esa persona es tu pareja perfecta, tu alma gemela, tu otra mitad. Ambas encajarán completamente como dos piezas de un rompecabezas que se juntan para toda la eternidad.

En definitiva, desde el punto de vista sexual, nuestro deseo de reunir todas las piezas del Alma fragmentada para volver a formar una unidad es la causa subyacente de las energías sexuales que emanan entre las personas. Todos nuestros deseos sexuales tienen su origen en esas fuerzas primordiales de atracción que se crearon cuando el alma se fracturó en dos y después se fragmentó en pedazos. El deseo de sexo es nuestro anhelo de recobrar nuestra forma original.

El Kabbalista Rav Berg explica el concepto de las almas gemelas tal como se discute en *El Zóhar*:

> *Las almas gemelas no son más que dos mitades —masculina y femenina— de lo que comenzó siendo un alma única en el Mundo Superior, y que luego fue dividida por la mano del Creador [la Fragmentación del Alma] como preparación para atravesar el largo camino de nuestro mundo físico. Sólo cuando logremos el crecimiento espiritual y cumplamos nuestras deudas kármicas, aquellas mitades podrán reunirse en este plano. No obstante, ningún matrimonio es un error. Debemos ganarnos nuestra otra mitad resistiendo a nuestros deseos egoístas. El matrimonio con alguien que no es nuestra alma gemela nos da la habilidad de resistir el comportamiento reactivo y, por lo tanto, la posibilidad de merecernos la otra mitad de nuestra alma.*

LA IMPORTANCIA DE NUESTRA PAREJA

Si no hay Receptor, no puede existir el acto de dar. Nuestras relaciones sexuales son una oportunidad de Compartir que se nos brinda para absorber la Luz y reflejarla hacia fuera. Evidentemente, no podemos hacer esto si estamos solos. Es mediante la interrelación con otra persona que alcanzamos nuestro nivel más alto de espiritualidad y desarrollo humano.

Para ello necesitamos un espacio en nuestras vidas que permanezca abierto y accesible, receptivo no sólo al cuerpo de otra persona, sino también a su alma. Hacer lugar para la posibilidad de una conexión sexual profunda y emocional requiere un esfuerzo consciente. Puede parecer fácil, pero, ¿lo es? Muy a menudo llenamos este espacio con obstáculos. Lo abarrotamos de . . .

Miedo:
("¿Qué pasará si nadie me encuentra atractivo? ¿Qué pasará si alguien me rechaza?")

Adicción al trabajo:
("Mi éxito se define por mi carrera profesional...no tengo tiempo para una relación.")

Escapismo:
("¿Para qué necesito una relación si puedo ir a fiestas locas y tener aventuras amorosas?")

Viejas heridas que nos negamos a dejar ir:
("Otra mujer (otro hombre) me lastimará como ella (él) hizo.")

El culto al materialismo:
("Todavía no. Cuando tenga una nueva casa/ un auto/ más dinero, entonces seré más feliz y estaré preparado para una relación.")

¡Y hasta con el cariño excesivo hacia nuestras mascotas como sustitutos emocionales!:
("No estoy solo, tengo a mi perro. Mi perro realmente me quiere.")

Al final, nos elevamos o nos caemos. Necesitamos compañerismo y amor para poder completarnos y lograr el propósito en nuestras vidas.

Sé que esta última afirmación puede sonar pasada de moda hoy en día, pero no por ello deja de ser cierta. ¿Significa esto que las personas solteras son menos humanas? ¡Por supuesto que no! Una persona soltera puede vivir una vida excepcional llena de acciones de compartir, de cariño y de crecimiento personal, mientras que el matrimonio que vive en la casa de al lado puede estar engañándose y peleándose continuamente por asuntos materiales. Sin embargo, ¿podría esa persona soltera llegar a un nivel más alto de plenitud espiritual en el contexto del amor? Los kabbalistas responderían que sí. Porque nuestras almas están en constante búsqueda de la reunificación.

EL MUNDO SUPERIOR Y EL MUNDO INFERIOR

Nuestro deseo físico (1 por ciento) y las dimensiones ocultas de la Luz (99 por ciento) también se conocen en el lenguaje de la Kabbalah como el Mundo Superior y el Mundo Inferior, respectivamente.

Adán y Eva también representan este concepto de Mundo Superior y Mundo Inferior. El Mundo Superior y el Inferior también se expresan a través de energías masculinas y femeninas:

Lo masculino personifica el Mundo Superior.
Lo femenino personifica el Mundo Inferior.
Lo masculino es la Luz.
Lo femenino es el Alma.
Lo masculino es la lluvia.
Lo femenino es la tierra que recibe la lluvia y manifiesta la vida a través de ella.
Lo masculino imparte semen.
Lo femenino lo recibe y manifiesta la vida humana.

Cuando la energía masculina y la femenina se conectan sexualmente:

El Mundo Superior y el Inferior se conectan al mismo tiempo.

Esto permite que la Luz fluya en nuestras vidas y en nuestro mundo. Este es el cómo y el por qué experimentamos placer en nuestras relaciones sexuales. La relación entre el Mundo Superior y el Mundo Inferior actúa de la misma manera en nuestro mundo y en todas las áreas de nuestra vida . . .

Cuando comemos una fruta:

> La fruta es Luz.
> Nosotros somos el Alma (el recipiente).

Cuando ambos se juntan (al comer la fruta), el Mundo Superior y el Inferior se reúnen. Por lo tanto, experimentamos placer y obtenemos nutrición de la fruta.

Cuando hacemos un negocio:

> El éxito que buscamos es la personificación del Mundo Superior.
> Nuestro deseo de tener éxito personifica el Mundo Inferior.

Cuando obtenemos éxito, hemos conectado el Mundo Superior con el Inferior y la Luz fluye hacia nosotros. Ese sentimiento de seguridad, orgullo y realización que muchas veces nos da el dinero se debe a esta conexión.

Cuando comemos una tableta de chocolate:

> El placer que el chocolate nos brinda es el Mundo Superior.
> Nuestro deseo incontrolable de comerlo corresponde al Mundo Inferior.

Cuando comemos chocolate, la grasa del cacao produce opiatos en nuestro cerebro y experimentamos placer. En ese preciso momento es cuando los dos Mundos se unen.

Todo en la vida deriva del mundo Superior o del Inferior.

¡Todo!

Cuando estos dos mundos se unen, la Luz fluye. Cualquier forma de placer que experimentamos está causada por la unión del Mundo Inferior y el Mundo Superior, el 1 por ciento y el 99 por ciento. Y el sexo es justamente la forma más poderosa de unir estos dos mundos. El sexo nos da mucho más placer que comernos un pedazo de chocolate, aunque lamentablemente no es así para todos. Según un estudio realizado en 1995, el 70 % de las mujeres preferirían comer una barra de chocolate que tener sexo. ¿Sabes por qué? El chocolate contiene una sustancia química llamada fenetilamina, que imita la reacción química que se produce en el cerebro de una persona enamorada.

El problema real es que en el día a día, particularmente con el sexo, no sabemos cómo crear conexiones fuertes y duraderas entre los dos mundos.

EL PROBLEMA DEL RECIBIR EGOÍSTA

Cuando intentamos conectarnos con la satisfacción a través de nuestro ego, a través de deseos centrados en nosotros mismos, los dos reinos no se unen realmente. Por lo tanto, no obtenemos Luz duradera, sino apenas un destello rápido de gratificación inmediata que satisface nuestro ego; sin embargo, los dos mundos se separan rápidamente uno de otro. Sí, la brecha entre el 1 por ciento y el 99 por ciento se ensancha.

Cuando esto sucede de forma consistente en nuestras vidas, nuestro mundo se cubre de oscuridad. La emoción del coche nuevo desaparece y la pasión del sexo pasa; la felicidad y la alegría acaban cesando. Cada vez que reaccionamos, hemos separado la *Ilusión del 1 por ciento* de la *Realidad del 99 por ciento*, es decir, el Mundo Superior del Inferior, y nuestro cuerpo de nuestra alma. La oscuridad es el resultado inevitable de esta situación (¡junto con un deseo creciente de comer más chocolate!).

Pero hay una buena noticia; que existe un método para crear una unión duradera entre el 1 por ciento y el 99 por ciento. A este método se dedican las páginas restantes de este libro. Pero primero . . .

LAS IDEAS ESENCIALES DEL LIBRO CINCO

Estamos aquí para terminar el trabajo que comenzamos en el Jardín del Edén: dejar de ser Receptores egoístas y reactivos para transformarnos en seres proactivos que comparten.

Aprendemos a Compartir interactuando con otras personas y oponiendo Resistencia a nuestro egoísmo.

Nuestro Adversario en la vida es el Ego, nuestra naturaleza reactiva.

Cada transformación que hacemos a nivel individual cambia el mundo entero al mismo tiempo, en la misma medida.

Cada uno de nosotros proviene del Alma Única que se fragmentó. Todos tenemos un alma gemela —la otra mitad de nuestra alma— a quien buscamos para reunirnos. Pero esta reunificación de las dos mitades debe ganarse con esfuerzo.

Toda la existencia está basada en el concepto del Mundo Superior (Luz) y el Mundo Inferior (nuestro reino de deseo humano). La plenitud fluye hacia nosotros cuando estos dos reinos se conectan.

LIBRO SEIS
CÓMO EVITAR EL SEXO CON UNA SERPIENTE

El problema es que Dios da al hombre un cerebro y un pene,
y suficiente sangre para que sólo funcione uno por vez.
—Robin Williams

EL ADVERSARIO EN ACCIÓN

En la primera ronda del combate cósmico, la Serpiente logró anotarse un punto decisivo contra el Alma. Como resultado, el Alma cayó derrotada sobre la lona (nuestro mundo físico). La Serpiente engañó astutamente al Alma para que se conectara con la Luz del placer antes que el Alma se hubiera eliminado por completo el deseo egoísta de su naturaleza. Éste es el mensaje oculto cuando nos referimos a Eva mordiendo la manzana.

Mientras nos abrimos camino a través de esta existencia física, lo hacemos con el Adversario pegado temporalmente a nuestra naturaleza. Nuestra tarea es deshacernos de él. Y rápido. Pero él nos lo pone difícil porque controla el 99 por ciento de nuestra naturaleza; controla todos nuestros pensamientos. *¡Absolutamente todos!*

LA VOZ

La Voz que escuchas a diario dentro de tu cabeza es el Adversario. Es esa Voz que transmite las 24 horas del día. El único momento en que escuchas tu *voz genuina* es cuando te resistes a esta Voz constante y fuerte y te conectas con los susurros que emanan de tu alma.

La Voz del Adversario solo utiliza un vocabulario: codicia. Egoísmo. Avaricia. Excesiva autoindulgencia. Insaciabilidad. Interés propio. Ten en cuenta que no nos referimos al egoísmo evidente o a actos obvios de avaricia. La Voz es demasiado inteligente para presentarse de esa manera. La mayoría de las veces nuestro egoísmo se disfraza de acto de compartir, y nuestro interés propio se oculta detrás de actos bondadosos. Creemos que estamos ayudando a otros o compartiendo con amigos, pero en realidad estamos haciéndolo con el propósito de recibir. Puede que sea elogios, puede que honores, o incluso sentimientos de superioridad moral, pero hay algo que obtenemos a cambio.

Según la Kabbalah, sabrás si tus acciones son verdaderos actos de compartir si antes de que tenga lugar esta clase de acción sientes genuinamente dolor, duda, cinismo o falta de voluntad. En otras palabras, debemos dar hasta que duela. El dolor y el daño nos indican que estamos venciendo al Adversario y a su Voz persuasiva. Cada vez que vencemos al Adversario, revelamos Luz.

El sexo es la forma más poderosa de revelar la Luz del Creador en nuestra existencia física. Por eso la Voz centra tanto su atención en esta área de nuestra vida.

El sexo puede ser la actividad humana más maravillosa y amorosa, pero también puede volverse la más aburrida. Incluso el sexo puede convertirse en una actividad violenta, abusiva y aterradora. Todo depende de la cantidad de egoísmo que se despierte en nuestra naturaleza y de la fuerza e influencia que la Voz ejerza sobre nosotros.

A menudo, nuestro deseo egoísta se vuelve poderoso como un agujero negro en el espacio profundo; tanto que ni siquiera la Luz puede resistir a su "fuerza gravitacional". Y el Adversario (ego) es tan experto en su trabajo, que el 99 por ciento de las veces no lo reconocemos. Esta frase, extraída de un diálogo de la película Sospechosos habituales, lo resume bastante bien:

El mejor truco del Diablo fue convencer a la humanidad de que no existe.

Reemplaza la palabra *Diablo* por *Ego* y empezarás a darte cuenta de cuál es el problema.

Es el ego el que ha ayudado a eliminar a Dios de la escena en nuestro mundo físico. Nuestro ego también adora hacernos creer que es el brillante arquitecto de nuestro éxito, que somos muy buenos amantes y que nosotros solos podemos satisfacer todas las necesidades de nuestra pareja. Y, por supuesto, que no necesitamos la Luz.

Rav Israel ben Eliécer, el gran místico y Kabbalista del siglo XVIII — conocido también como Baal Shem Tov o el *Maestro del Buen Nombre*— lo dijo con estas palabras:

> *Antes de que puedas encontrar a Dios, debes perderte a ti mismo.*

Sustituye la expresión *Dios* por la expresión *buen sexo* y verás como la afirmación de este eminente sabio sigue siendo cierta.

EL ENGAÑO

El Adversario no nos permite experimentar una sexualidad placentera y plena con nuestro cónyuge de forma constante. Nadie tiene la culpa, tampoco hay una causa física. La falta de química o el inevitable aburrimiento que sentimos al estar con la misma pareja durante mucho tiempo tampoco son los culpables. Éstos nunca son los motivos de una vida sexual decepcionante. ¿Y entonces? Cada vez que escuchamos la Voz y buscamos sexo en función de nuestro deseo egoísta, nos desconectamos del 99 por ciento. Hemos desenchufado la lámpara. La Luz se ha apagado.

Por el contrario, cuando te Resistes al ego liberas el poder de tu alma. Y tu alma es el camino de vuelta al Séptimo Cielo y a una sexualidad maravillosa. Sin embargo, es más fácil decirlo que hacerlo.

Resistir nuestro Deseo de Recibir es una tarea tremendamente difícil, ya que el ego es un oponente feroz, formidable y desalmado, que utiliza los mismos trucos que utilizó en el Jardín del Edén. ¡Utiliza el Arte del Engaño! Al principio todos tenemos buenas intenciones, pero en el momento en que sentimos placer, nuestro egoísmo se despierta; el placer nos inunda y las buenas intenciones pasan a ser malas. Así fue como las relaciones de Carrie se volvieron destructivas. El trío de Carrie comenzó dando placer sexual a sus integrantes; pero todo se basaba en recibir placer y no en compartir incondicionalmente. Por eso, a medida que *recibían* placer, se desconectaban del 99 por ciento. Cuando perdieron su conexión con la Luz, vino la oscuridad. Se sentían deprimidos, engañados y muertos, tanto espiritual como sexualmente.

No lo olvides: el objetivo del Adversario es el mismo que tenía en el Edén, es decir, engañar al Alma (a ti) para que reciba placer egoísta. Cuanto más egoístas somos, más grande es la separación entre nuestra alma y la Luz.

Pero . . . ¿qué relación hay entre el Adversario y el sexo?

PENSAMIENTOS Y SENTIMIENTOS SEXUALES

Tal como hemos aprendido, la conexión sexual entre dos personas que se aman es la forma más poderosa de revelar Luz en este mundo. Por ese motivo, el Adversario dirige la mayor parte de su atención hacia esta área, intentando menospreciar y profanar nuestra vida sexual tanto como puede. Comienza influenciando sobre nuestros sentimientos e implantando pensamientos en nuestra mente para extinguir el fuego de los actos de compartir apasionados que son el motor de una relación exitosa. En su lugar, él aviva las llamas del interés propio.

Estas son algunas formas que el Adversario utiliza para sabotear nuestra vida sexual.

CÓMO EL ADVERSARIO AFECTA A HOMBRES Y MUJERES DURANTE EL JUEGO PRELIMINAR:

- Ella desea estimulación sensual. Él ansía penetrar rápidamente.

- Ella pide una conmovedora excitación. Él sugiere embriaguez.

- Ella quiere sensaciones físicas sin prisas. Él sigue intentando una penetración inmediata.

- Ella quiere caricias con afecto. Él quiere el orgasmo inmediatamente.

- Él considera que hacer el amor es algo bello. Para ella es un deber agotador.

- Él está ardiente, sexy, apasionado y eléctrico. Ella está fría, malhumorada, desapasionada y cansada.

- Él quiere pasión para volar por las alturas. Ella piensa accidentalmente en otro hombre.

CÓMO EL ADVERSARIO AFECTA A HOMBRES Y MUJERES DURANTE EL SEXO:

- Él la desea tanto que no puede aguantar más. Ella está muy cansada, por lo que decide fingir.

- Él intenta hacer el amor erótica y lentamente. Ella está deseando que termine.

- Él está pensando en una mujer de la oficina. Ella, en que se casó con un imbécil.

- Él se divierte más cuando usa su propia mano. Ella no puede creer que esto sea "la tierra prometida".

- Finalmente ella ha comenzado a sentir algo. Él ya ha eyaculado.

CÓMO EL ADVERSARIO AFECTA A HOMBRES Y MUJERES DESPUÉS DEL SEXO:

- Ella quiere conexión emocional. Él quiere leer la sección de negocios del periódico.

- Ella desea conversar y crear una buena comunicación. Él se ha dado la vuelta y ha comenzado a roncar.

El ego nos obliga constantemente a vivir una vida sexual egoísta, en la que todos nuestros comportamientos —antes, durante y después del sexo— se centran en nosotros mismos. ¿El resultado? Logramos obtener placer a corto plazo, un gran vacío a largo plazo, y lo único que conseguimos, en definitiva, es aumentar la distancia que nos separa de la Luz de la felicidad.

Examinemos esta idea con más detalle.

DESCONEXIÓN: EL SEGUNDO MORDISCO

Emily nació en Nueva York y pasó su niñez en South Orange, New Jersey. Cuando tenía once años, sus padres se separaron. El hermano de Emily se fue a vivir con su padre a Nueva York, mientras que Emily se mudó con su madre a Florida del Sur para vivir con su familia. Cuando llegó a la adolescencia, en Boca Ratón, Emily descubrió a los chicos. También descubrió algunos deseos en su interior.

> A los quince años tenía un novio que me decía que quería tener relaciones sexuales conmigo. Yo sabía que no quería acostarme con él porque siempre había tenido esa visión perfecta de cómo iba a perder mi virginidad; y esta visión no le incluía a él. Sin embargo, me excitaba mucho rebelarme y hacer cosas que no debía. Todos los días, después de la escuela, íbamos a mi casa a besarnos y tocarnos; terminábamos totalmente desnudos y pasábamos por todas las habitaciones, la ducha, el armario, la cocina, mi cama, el sillón . . . Él solía cubrir mi cuerpo con miel para luego lamerla. También teníamos sexo oral. Siempre le pedía que me llevara al orgasmo para provocarlo y complacerlo, y por supuesto para complacerme a mí misma.
>
> El hecho de que mi mamá pudiera entrar en cualquier momento y descubrirnos hacía la aventura mucho más excitante. Yo no les contaba a mis amigas lo que hacía porque mantener el secreto también me excitaba.

> Mi novio siempre me decía que quería llegar hasta el final, pero yo seguía negándome. Sin embargo, me sentía mal al hacerlo y por eso hacía todo lo que podía sin realmente llegar a la penetración. Un día estábamos en la ducha besándonos cuando, casi sin darnos cuenta, una cosa llevó a la otra y, de repente, él estaba dentro de mí. Me puse histérica. Me sentí violada. Había dejado que las cosas llegaran demasiado lejos y ahora me arrepentía. Rompí con él. Me sentía vacía y asquerosa. No sabía qué hacer conmigo misma. Unos días después comencé a vomitar. Este hábito se convirtió en un desorden alimenticio y durante los cuatro años siguientes vomitaba todos los días, por lo menos tres veces.

Este es el Síndrome del Segundo Mordisco. Comenzamos con una intención, pero a medida que empezamos a conectarnos con la Luz, ya no podemos manejarlo, perdemos el control. Nos rompemos.

- La intención de Emily era provocar a su novio y obtener satisfacción sin tener relaciones sexuales. Éste es el Primer Mordisco.

- La provocación y el juego preliminar se convierten en penetración. Éste es el Segundo Mordisco.

- Emily entra en crisis, se siente culpable y tiene remordimientos. Finalmente, desarrolla un desorden alimenticio. De esta forma, vuelve a recrear la fragmentación del Alma Única y la caída en la oscuridad.

Las buenas intenciones se vuelven agrias cuando sucumbimos al placer del momento; entonces nos estrellamos. Esto es exactamente lo mismo que le sucedió al Alma Única en el Jardín del Edén. Y esta situación se repite miles de millones de veces al día en una infinita variedad de formas.

El placer que sentimos con el sexo egoísta es real, auténtico. El Adversario provoca estos deseos dentro de nosotros para convencernos de que debemos conectarnos con el placer con el propósito de recibir, no de compartir. Para Emily, lo importante era <u>su</u> excitación, <u>sus</u> orgasmos y <u>su</u> placer. Por lo tanto, su placer tenía motivos egoístas. Esto la acabó desconectando del 99 por ciento, y el placer fue desapareciendo. La emoción se desvaneció. La excitación se marchó.

El deseo de Emily de besarse y tocarse con su novio estaba basado en recibir placer. A ella le encantaba la excitación de hacer cosas atrevidas y comportarse de forma prohibida. Le gustaba rebelarse. Una vez que probó el placer de esta rebelión, ocurrió el Segundo Mordisco y se encontró realizando el coito con quien ella no quería.

El Síndrome del Segundo Mordisco es la razón por la que nos sentimos tan decaídos después de tener un comportamiento egoísta, la causa de que caigamos después de volar con las drogas, el motivo por el cual la excitación de comprar un automóvil o ropa nueva al final desaparece. La gratificación no fue creada a través de nuestro esfuerzo proactivo para compartir, sino que fue motivada por el ego: nuestro solo y único Adversario. Como consecuencia, el placer es poderoso en el momento; después nos fragmentamos de nuevo y la oscuridad vuelve a cubrirnos con su negro manto.

EL PELIGRO DE LAS CONEXIONES DIRECTAS

¿Qué está sucediendo en nuestras vidas, desde un punto de vista kabbalístico, cuando sucumbimos a la tentación del ego, cuando realizamos acciones egoístas, cuando nuestros pensamientos se centran sólo en nosotros mismos o cuando nos comportamos de forma auto-indulgente? Anteriormente explicamos que lo que estamos haciendo en realidad es recrear el momento en el cual el Alma se conectó con el Séptimo Cielo, acabó recibiendo demasiada energía y se sobrecargó. Apliquemos esta idea a nuestro mundo para darle un sentido más práctico.

Pensemos en una batería. Una batería tiene dos polos, uno positivo y otro negativo. Si colocamos un trozo de cable a ambos lados de la batería conectando el polo positivo (+) directamente con el negativo (-), ¿qué sucede? Que la batería pierde energía gradualmente. La conexión directa entre los polos positivo y negativo crea una pérdida de energía. Esto se llama cortocircuito.

CARGADA AL COMPLETO　　**PÉRDIDA DE ENERGÍA**

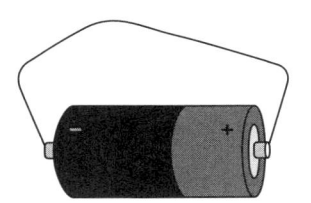

175

KABBALAH Y SEXO

PÉRDIDA DE LA ENERGÍA SEXUAL

La batería es una gran metáfora que representa las relaciones sexuales humanas.

- El polo positivo de una batería corresponde al placer sexual y al 99 por ciento.
- El polo negativo corresponde al Alma y al deseo humano de sexo.

Cuando tenemos sexo egoísta, el Deseo (-) y el Placer (+) se conectan directamente. Esto produce un cortocircuito. Nuestra relación comienza a experimentar una pérdida de poder. La energía sexual disminuye y la pasión erótica se va desvaneciendo. Es decir, que estamos eliminando gradualmente la Luz de nuestra relación. Ésta es la causa por la que nuestras relaciones van perdiendo su llama. Una crisis está en camino. Como resultado, nuestro deseo de tener sexo con la misma persona comienza a menguar.

¿Qué podemos hacer? ¿Cómo tomamos el control de nuestras vidas, pensamientos y deseos? ¿Cómo distinguimos entre los deseos que nacen del ego y los deseos que provienen del alma? ¿Cómo luchamos contra estos pensamientos, urgencias e impulsos que nos implanta nuestro astuto Adversario? ¿Cómo prevenimos estas conexiones directas y deliciosas, pero a la vez tan peligrosas, con la Luz?

EL PODER DE LA RESISTENCIA

Ya hemos mencionado la técnica más efectiva para evitar que el Adversario controle nuestras vidas. La Kabbalah la llama *Resistencia*; significa detener nuestros impulsos reactivos y el recibir egoísta.

Aunque para expresar esta acción baste una breve oración, llevarla a cabo requiere de una voluntad y un autocontrol casi sobrehumanos. Es más fácil *decirlo que hacerlo*, porque la influencia de nuestro ego es muy poderosa.

Examinemos la Resistencia más detenidamente.

RESISTENCIA EN NUESTRO MUNDO

Hemos aprendido que el Alma *dejó* de recibir la Luz con el propósito de eliminar el único rasgo (Recibir) que estaba creando la separación entre la Luz y el Alma. El Creador accedió y retiró la Luz.

Este acto de Resistencia es ahora una ley universal de nuestro universo.

En otras palabras, la Luz —tanto espiritual como física— no puede revelarse salvo que haya una Resistencia en funcionamiento. Comprender este principio kabbalístico es la clave para tener un *buen sexo*.

KABBALAH Y SEXO

Existen dos tipos de Resistencia en nuestro mundo: la *Resistencia Voluntaria* y la *Resistencia Involuntaria*. Examinemos primero la Resistencia Involuntaria y veamos cómo se revela en la energía eléctrica y en la luz solar física de nuestro mundo.

LIBRO SEIS: CÓMO EVITAR EL SEXO CON UNA SERPIENTE

RESISTENCIA INVOLUNTARIA

La Tierra flota en la oscuridad del espacio mientras que el sol emite sus rayos hacia ella. ¿Por qué hay oscuridad alrededor de la Tierra? ¿Por qué el espacio entre la Tierra y el sol es negro si hay rayos solares fluyendo por el espacio?

EL ESPACIO ES NEGRO AUN CUANDO LA LUZ SOLAR ESTÁ PRESENTE

Porque no hay resistencia; en esas áreas de espacio vacío no hay reflejo. La luz solar permanece invisible al ojo hasta que choca con un objeto físico —el planeta Tierra— y se refleja allí.

¿Y sabes qué? ¡Este acto de reflexión es la *Resistencia*! El objeto resiste la Luz; la emite hacia fuera y, al hacerlo, los rayos de sol brillan de repente.

El espacio es oscuro, pese a que los fotones de sol están en todas partes, porque no hay nada en el vacío del espacio que se esté resistiendo a los rayos de sol. En nuestro planeta, la atmósfera y la tierra física que refleja se resisten, y por lo tanto, revelan la luz del sol. No puede ser de otra forma. Los objetos físicos resisten de forma natural los rayos de luz. Por eso la llamamos *Resistencia Involuntaria*.

Consideremos el oído. El sonido no se oye hasta que el tímpano *resiste* las ondas y las transforma en un sonido que nosotros procesamos. La luz de la escucha brilla solamente a través de la Resistencia.

LA BOMBILLA DE LUZ

Una bombilla de luz tiene un polo positivo y uno negativo separados por un filamento. Este filamento crea resistencia deteniendo el flujo libre de energía eléctrica que viaja entre ambos polos. Esto evita que se produzca una conexión directa. La resistencia es la responsable de la iluminación de la bombilla.

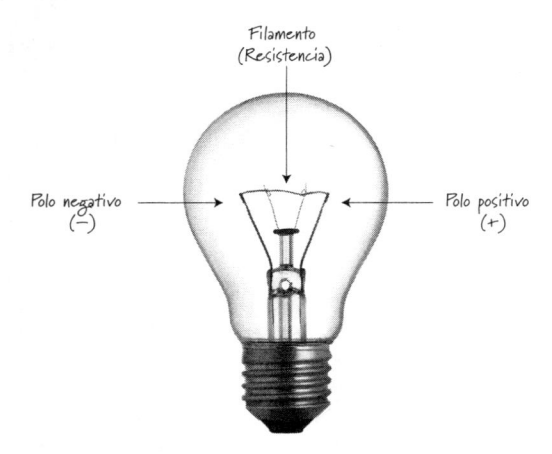

Cuando el filamento se rompe, el polo positivo se conecta **directamente** con el polo negativo, produciendo un cortocircuito. El resultado es un destello fugaz de luz, seguido de oscuridad y una bombilla gastada. Has visto como esto sucedía siempre que se ha quemado una bombilla en tu casa. El destello súbito es brillante, sí, pero dura apenas un segundo.

El filamento es un resistente natural de la electricidad, por eso también llamamos a esto *Resistencia Involuntaria*.

La Resistencia también cumple una función decisiva en la fisiología del sexo.

LA RESISTENCIA EN LA FISIOLOGÍA DE UNA ERECCIÓN

Según la Kabbalah, la sangre es el enlace entre el cuerpo y el alma; de ahí que tenga tanto glóbulos blancos como rojos.

El color blanco denota la *Realidad del 99 por ciento de compartir* y contiene todos los colores del arco iris. Es íntegro. Completo. El Compartir absoluto. Los glóbulos blancos, por lo tanto, denotan el aspecto de compartir del alma.

El color rojo corresponde a la *Ilusión del 1 por ciento*. Por ese motivo, el rojo tiene la frecuencia más baja en el espectro de colores. Los glóbulos rojos corresponden, pues, al Deseo de Recibir del cuerpo. La sangre contiene **ambos** aspectos: el Mundo Superior y el Mundo Inferior, lo divino y lo humano, el cuerpo y el alma.

Por consiguiente . . . ¡La sangre representa el potencial de *unir ambos reinos!*

UNA ERECCIÓN

Durante la actividad sexual, la erección del órgano sexual masculino se genera a partir de la sangre que fluye hacia el pene, produciendo un aumento y una elevación del órgano reproductivo. La erección y la elevación indican la ascensión a la Realidad del 99 por ciento, con el potencial y la promesa que ésta contiene.

Físicamente, la erección se logra mediante una acción de Resistencia.

- El órgano reproductivo masculino, en esta instancia, se corresponde con el aspecto de recibir del Alma. El pene se convierte en un Receptor.

- La sangre que fluye en el órgano reproductivo representa el aspecto de compartir de la Luz.

A medida que la sangre llena el órgano sexual (la Luz llenando el Alma), se produce una reducción temporal del volumen de sangre que abandona el pene. ¿Cómo? ¡A través del poder de Resistencia!

Las venas que salen del órgano reproductivo tienen válvulas que *resisten* la salida de la sangre. La resistencia atrapa la sangre en el órgano, causando su erección.

El órgano sexual masculino reside ahora en el Séptimo Cielo y en nuestro Mundo Inferior *al mismo tiempo*. Es nuestro enlace entre lo físico y lo espiritual, y por esta razón genera un tremendo placer a hombres y a mujeres en este reino terrenal. Por ese motivo, tiene el poder divino de generar vida.

El órgano sexual femenino —y más específicamente el clítoris, que es el responsable de la gran cantidad de placer que obtiene la mujer durante el sexo— también opera bajo el mismo principio de resistencia. El clítoris está hecho del mismo tejido eréctil que el pene, y cuando se excita se llena de sangre. Una vez más, la salida de sangre se resiste hasta que la mujer alcanza el orgasmo. Tal como lo vemos, en ambos sexos, el ingrediente clave para el placer sexual es la Resistencia.

FRICCIÓN

La física es como el sexo: da algunos resultados prácticos, pero no es por eso que lo hacemos.
 —Richard P. Feynman

La fricción es una parte importante del acto sexual. Cuando dos amantes se abrazan y se acarician, la fricción que crean ambos cuerpos en movimiento genera chispas de pasión. Tanto en la física como en el sexo la fricción se crea a través de la Resistencia.

En la física elemental, la energía se transforma cuando encuentra Resistencia. Pensemos en la bombilla de luz: dado que el filamento de la bombilla resiste la electricidad invisible, la corriente se transforma en fotones visibles y resplandecientes de luz. Lo invisible se vuelve visible **como efecto de la Resistencia**.

Del mismo modo, cuando una mano causa fricción al acariciar y tocar el cuerpo humano, la Luz imperceptible del Creador se transforma en energía sexual perceptible y en placer.
Todos estos son ejemplos de la Resistencia Involuntaria.

Pero, como ya hemos adelantado, existe otro tipo de Resistencia que es la clave absoluta e irrefutable para generar un *buen sexo* . . .

RESISTENCIA VOLUNTARIA

Para mantener vivo el amor y conservar la llama de la pasión, los kabbalistas revelaron el concepto de *Resistencia Voluntaria*. Esta forma de Resistencia corresponde al acto de Resistencia que el Alma realizó cuando fue inicialmente creada.

Originalmente, el Alma Resistió la Luz directa que fluía del Creador para no seguir estando en el estado opuesto, atrapada en el modo de recibir. Ésta fue la elección voluntaria del Alma.

La Kabbalah también lo llama . . .

LIBRE ALBEDRÍO

Además de la resistencia física que ocurre dentro de la bombilla de luz, existe una forma no material de resistencia en la mente. Se trata del Libre Albedrío. Lo utilizamos cuando nos **resistimos a nuestros deseos egocéntricos**.

El ser humano está dotado de facultades mentales para distinguir entre el bien y el mal, entre un comportamiento reactivo egoísta y un comportamiento proactivo de compartir. Junto con esta capacidad de diferenciar, existe nuestra libertad de escoger. Desde el punto de vista de la conducta, tenemos la oportunidad de optar por el Deseo de Recibir egoísta, motivado por la lujuria codiciosa, o podemos elegir no responder a nuestros impulsos egocéntricos.

Dicho simplemente:

> *¿Pienso sólo en mí mismo durante el ardor de la pasión o me resisto al impulso y pongo las necesidades de mi pareja primero? ¿Engaño a mi pareja para satisfacer mi propio deseo o tengo en cuenta los sentimientos de mi pareja y me Resisto a hacerlo?*

Según la Kabbalah, si imitamos la acción del filamento de una bombilla y nos resistimos a los deseos egoístas —tanto dentro como fuera de la habitación—, creamos energía sexual. Esto ilumina nuestra relación.

OLVIDA EL ASPECTO MORAL

No te confundas: no estamos refiriéndonos a valores morales ni a un comportamiento honorable. Tampoco se trata de un código de conducta religiosa o de escrúpulos. ¡Nada de esto! Por el contrario, se trata de que te preguntes: *¿Qué gano yo con todo esto?* Solo que ahora estamos intentando ir al fondo, más allá de la superficie, donde *qué gano yo con todo esto* coincide con *qué ganan los demás*.

El egoísmo iluminado es nuestra única motivación. La Kabbalah no trata acerca de dejar algo a cambio de un ideal espiritual abstracto. La Kabbalah te enseña a tenerlo todo. Cuando nos resistimos al deseo de obtener gratificación inmediata y a corto plazo, es por una sola y única razón: ¡para obtener mayor placer en el largo plazo! Se trata de encender la Luz en nuestras vidas y mantenerla encendida.

Según este principio kabbalístico, cuando estamos controlados por el ego, dominados por el egocentrismo y recibimos sólo para obtener nuestra propia recompensa, sentimos pasión y excitación por un breve instante cuando tocamos el Séptimo Cielo durante el orgasmo; sin embargo, después volvemos a caer. La energía sexual empieza a filtrarse y se produce una fuga del poder sexual en nuestras relaciones.

Cada aspecto de nuestra vida nos ofrece la oportunidad de aplicar Resistencia:

- cómo tratas a tu pareja en la vida diaria;

- cómo tratas a tus amigos y enemigos;

- cómo reaccionas ante los obstáculos y desafíos de la vida;

- cómo tratas a las personas en el trabajo.

En todas las situaciones mencionadas tienes el libre albedrío de elegir si te resistirás o no te resistirás a la reacción egocéntrica. La clave para el *buen sexo* —y la buena vida— es ésta:

> **Cuanta más Resistencia aplicamos, más Luz generamos.**

La Luz generada por la Resistencia ilumina automáticamente nuestras relaciones sexuales. Tan es así, que cuando transformamos nuestro comportamiento cotidiano hacia nuestra pareja a través de la Resistencia, la excitación sexual fluye vivamente en la relación. Y por supuesto, si aplicamos resistencia en el trato con nuestra familia, amigos y enemigos, la pasión en nuestras relaciones sexuales fluirá aun con más intensidad.

APLICANDO RESISTENCIA EN EL SEXO

¿Recuerdas a Michael? Michael admite que estaba tan consumido por sus propios deseos, que descuidó las necesidades de su esposa Meredith:

> Nunca se me pasó por la mente tener en cuenta sus necesidades. Estaba completamente absorto en mis propios deseos. Estaba ciego. No podía reconocer la estupidez de mis actos. Era como una marioneta. Después de mucho dolor, me di cuenta de que mi ego estaba manejando constantemente los hilos de mi marioneta todo el tiempo. Antes de estudiar la Kabbalah no tenía idea de que el ego era una fuerza separada que saboteaba mi vida constantemente. Me concentraba en mi gratificación inmediata y nunca relacionaba el caos de mi vida con mi propio comportamiento. Le echaba la culpa a todo y a todos, excepto a mí mismo.

El Adversario nunca deja de plagar nuestra mente con dudas sobre la existencia de la Luz y el sentido de la vida. El Adversario incluso siembra dudas acerca de la sabiduría de este libro. Y no te equivoques: ¡el ego también te hará dudar sobre la validez de estas dos últimas declaraciones!

Michael añade:

> Cuando finalmente me di cuenta de que existía una fuerza verdadera batallando dentro de mí, dejé de tomarme mi egoísmo

tan seriamente. Reconocí los pensamientos y deseos negativos que en realidad no me pertenecían. Comencé a comprender que era el Adversario quien me estaba convenciendo de que mis pensamientos egoístas eran reales. No fue fácil. Todavía no lo es.

Cuando empecé a resistirme a mi ego, vi los resultados. Literalmente, empezaron a ocurrir milagros. En cuanto al sexo, antes solía preocuparme de la magnitud de mi orgasmo; fantaseaba con otras chicas mientras hacía el amor con mi esposa o me imaginaba que ella tenía sexo con otros hombres para excitarme. Comencé a bloquear estos pensamientos y a concentrar mi atención en mi esposa, pensando en compartir con ella y considerando sus necesidades primero. También dejé de coquetear con otras mujeres. Quería ver qué sucedería en mi matrimonio. Además, probé algunas herramientas kabbalísticas. Nunca hubiera creído en sus resultados si no los hubiera experimentado de primera mano. Después de 17 años de matrimonio, nuestra vida sexual pasó a un nivel completamente nuevo, lleno de pasión, excitación y química. No todas las veces es un sexo asombroso, pero la diferencia es como el día y la noche.

Lo que Michael comprendió es muy significativo. Se dio cuenta de que el Adversario no era parte de su propia esencia y de su ser. Y esta es una realización tremendamente importante, que con frecuencia a la gente le lleva mucho tiempo comprender. Tú mismo tal vez estés teniendo dificultades en este preciso momento para aceptar la idea de la Voz y comprender que esos impulsos constantes que inundan tu mente en realidad no te pertenecen. Pero es la verdad. El Adversario siembra esos impulsos, deseos y pensamientos dentro de ti. Y eso no es todo, sino que además te genera dudas sobre su presencia y su papel. Y lo hace con un solo motivo: *para que sigas siendo ignorante de su existencia y así él pueda ejercer el control total sobre tu vida.*

Hasta que comprendamos totalmente que el Adversario es real y que fue creado para ponernos a prueba y desafiarnos de la forma más inteligente posible, nunca encontraremos la motivación para luchar contra él, resistirnos a él y transformar nuestras vidas sexuales en algo profundo y apasionado. Sólo debes recordarte constantemente que los pensamientos negativos, las dudas y los deseos egoístas no son realmente parte de ti, no pertenecen a tu ser. Podemos sentir esta verdad en lo más profundo de nuestra alma si aplicamos resistencia. Resiste esos pensamientos, esos deseos; resiste el impulso egoísta y luego observa lo que ocurre. Hallarás la prueba en tu propia experiencia.

LAS HERRAMIENTAS DEL INTERCAMBIO

Considérate advertido: las siguientes son meramente herramientas diseñadas para ayudarte a conectarte con la Energía. Eres libre de utilizarlas todas, algunas o ninguna. Esto no se trata ni mucho menos de una situación de "todo o nada". Tal como aprendimos en el ejemplo de la bombilla de luz, cuanta más Resistencia apliques, más podrás aumentar el voltaje de tu vida sexual. No existe lo correcto y lo incorrecto.

Y siempre recuerda:

- Nadie tiene derecho a decirte la cantidad de herramientas que debes incorporar en tu vida.

- Nadie tiene derecho a señalarte los cortocircuitos que debes evitar.

- Nadie tiene derecho a juzgarte.

- Nadie tiene el derecho de decirte que esto de la Kabbalah funciona realmente, ni siquiera el autor. Depende de ti determinarlo por tu cuenta.

Todos somos chispas de lo Divino. Cada uno de nosotros es sagrado y, según la Kabbalah, el Creador nos ama a todos por igual. Por lo tanto, nuestro Libre Albedrío y nuestras elecciones personales en la vida deben ser respetadas y honoradas.

Ahora bien, existe un importante pedazo de sabiduría que debemos recordar para poder activar y "encender" todas las herramientas kabbalísticas anunciadas . . .

EL PODER DEL CONOCIMIENTO

La información no es poder. El conocimiento es poder. Esta verdad se encuentra en un versículo bíblico que durante miles de años confundió —y lo sigue haciendo en la actualidad— a estudiosos, rabinos y sacerdotes. El versículo bíblico se encuentra en el Génesis y se refiere a Adán y Eva y el nacimiento de Caín:

Adán conoció a Eva, su esposa, y ella dio a luz a Caín.

Los kabbalistas se preguntan: ¿Por qué la Biblia utiliza la palabra "conocer" para referirse al acto sexual entre un hombre y una mujer? ¿Por qué no emplear la palabra "relación sexual"? ¿Quién sabe de alguna situación en la que una mujer haya quedado embarazada simplemente por "conocer" a un hombre?

Este versículo tan extraño de la Biblia es un código:

Adán es el código de la Realidad del 99 por ciento.

Eva es el código para nuestro mundo físico, la Ilusión del 1 por ciento de sexo insatisfactorio.

Conocer es el código para el concepto de tener conocimiento.

Funciona de la siguiente forma: cuando quieres conectar los dos mundos para que la Luz fluya en tu vida, debes poseer el *conocimiento kabbalístico* sobre cómo y por qué las cosas funcionan en el reino físico y en el reino espiritual. En otras palabras, la fe ciega no te servirá. El conocimiento es la forma de establecer la conexión con el 99 por ciento. Según la Kabbalah, la información inexacta o la pura ignorancia siempre te mantendrán en la oscuridad. El conocimiento espiritual correcto te conecta con la Luz. El conocimiento es el enlace. La relación entre el 1 por ciento y el 99 por ciento ocurre sólo cuando el conocimiento impregna nuestra conciencia. Dicho con otras palabras:

- **Debes *conocerlo* todo sobre la existencia del 99 por ciento para poder conectarte con ella.**

- **Debes *conocer* por qué y cómo el sexo comenzó a existir para experimentar buen sexo.**

- **Debes *conocer* la existencia del Adversario para poder destruirlo.**

Nunca subestimes el poder del conocimiento kabbalístico. No es como aprender geografía o historia, materias cuyo estudio puede hacerte más culto o educado, pero que sólo representan información. El conocimiento kabbalístico es la Luz misma. Es la sustancia de la energía espiritual. Cuando ese conocimiento se vuelva parte de tu ser y de tu esencia, habrá menos oscuridad dentro de ti.

CORTOCIRCUITOS SEXUALES

Volvamos unos instantes a visitar el Jardín del Edén y recordemos el enfrentamiento original entre el Alma y la Serpiente. El objetivo del Alma mientras se encontraba en el Jardín era Resistir su Deseo de Recibir al 100 por ciento. Pero la Serpiente logró engañarla y convencerla de que "comiera" prematuramente del Árbol del Conocimiento.

Tal como hemos visto, la Serpiente hizo esto ocultando el engaño tras un velo de verdad: le dijo al Alma que podría conectarse al Séptimo Cielo si lo hacía con la intención de Recibir con el Propósito de Compartir con el Creador. Esto era verdad. También le dijo que si dejaba de recibir para siempre, el Alma terminaría vaciándose por completo. La Luz puede expresarse únicamente si existe un deseo verdadero de recibir Luz. Por eso la Serpiente le dijo al Alma que el objetivo principal era recibir, pero con el propósito de compartir. De esta forma, el Alma podría recibir y compartir al mismo tiempo. Esto era verdad. Pero hubo algo que la Serpiente omitió mencionar: que el Alma debía erradicar y resistir TODO el *Deseo de Recibir* antes de intentar *Recibir con el Propósito de Compartir.*

El Alma nunca había probado el placer del Séptimo Cielo, por lo que le resultó sencillo comprometerse a Recibir con el Propósito de Compartir antes de dar el primer mordisco. Por lo tanto, el primer mordisco fue puro. Sin embargo, el remanente de deseo que quedaba dentro del Alma no pudo manejar la intensidad del placer, y tras el segundo mordisco el deseo del Alma se disparó hasta la estratosfera. Como consecuencia, en el segundo mordisco el deseo del Alma se descontroló y ésta comenzó a recibir de forma egoísta. Esto causó que el sistema se sobrecargara y, al mismo tiempo, que el Alma se fragmentara en trocitos innumerables.

Llamaremos a esta estrategia del Adversario: *el Engaño.*

PLACER Y VENENO

El astuto engaño del Adversario se recrea una y otra vez en nuestro mundo físico de formas muy distintas. El Adversario oculta el daño detrás del placer. El gran Kabbalista Rav Áshlag nos ilustra con un ejemplo:

> *Si un hombre tiene una herida en el cuerpo que le pica continuamente y continuamente le pide ser rascada, el acto de rascarse otorga al hombre una gran recompensa en forma de placer. Sin embargo, hay una gota del "veneno de la muerte" mezclada en el placer (igual que la Serpiente cubrió su mentira con una capa de verdad en el Jardín).*
>
> *Si quien se rasca la herida no toma el control de sus impulsos y continúa satisfaciendo su ansia persistente de rascarse, sus mismos pagos servirán para incrementar su deuda. Específicamente, su herida crecerá en proporción al placer que obtenga de rascarse furiosamente. Su placer se volverá su propio dolor. Cuando una herida comienza a sanar, pica nuevamente y el deseo de rascarse se intensifica. Si el hombre todavía no tiene control sobre sus impulsos y persiste en rascarse en respuesta a este requerimiento, la herida empeorará y finalmente derivará en una gota de amargura que envenenará toda su sangre. En consecuencia, el hombre enfermará o hasta morirá como resultado directo del placer que originalmente se proporcionó a sí mismo. Esto sucede así porque era placer limitado provocado por la búsqueda de gratificación inmediata.*

Este concepto tan importante requiere otro ejemplo:

LA POCIÓN MÁGICA

Supongamos que el Adversario prepara una poción mágica que provoca un indescriptible placer con cada sorbo. Sin embargo, en este maravilloso brebaje, el Adversario inyecta una gota de veneno que nuestras papilas gustativas no pueden detectar. Cuando bebes el tónico mágico, el placer se apodera de ti. Sin embargo, al mismo tiempo, las gotas venenosas entran en tu sistema sin que te des cuenta. Cada sorbo, cada taza de dicha que ingieres, atenúa lentamente la Luz de tu alma. Al final, el mismo placer que recibes es el que te llevará a la muerte.

El placer derivado de un comportamiento egocéntrico es esa poción tóxica.

Recibir placer directamente para uno mismo y reaccionar instintivamente a todo y a todos los que nos rodean es una poción placentera pero venenosa, que nos proporciona gratificación inmediata junto con una gota de muerte en cada sorbo. Lo que muere es la Luz dentro de nuestra alma. Lo que muere es nuestra vida sexual.

EL PODER DE LA LUZ

La Luz es el combustible de la energía sexual. La Luz es también la fuerza de la prosperidad financiera, la esencia de la iluminación, la base de la serenidad, el poder de la paz mental, la sustancia de la tranquilidad, la energía que forma nuestro sistema inmunológico. Cuando la Luz mengua, sentimos el efecto adverso en el trabajo, la salud, la estabilidad emocional y en nuestras relaciones sexuales. La clave para el placer sexual y una vida de plenitud es evitar beber de la muerte y no rascar la herida de la aflicción.

Pero debes saber que ésta es una tarea muy difícil de lograr, porque el Adversario nos trae bandejas con exquisitos cócteles todo el día. Hace cosquillas sin piedad a nuestro ego para que éste suplique ser rascado todo el tiempo y en todas las áreas de nuestra vida. La Serpiente —nuestro ego y Adversario— intenta seducirnos con el primer mordisco de intenciones buenas y puras, engañándonos para que demos el segundo mordisco. El placer egoísta o Sexo del 1 por ciento trae oculto un extintor de fuego que apaga gradualmente la Luz de nuestras vidas sexuales.

LA GRAN PREGUNTA

Ahora viene la gran pregunta: ¿qué es lo que los kabbalistas clasifican como Sexo del 1 por ciento? Y, ¿cómo incorporamos la técnica de Resistencia para evitarlo? El Sexo del 1 por ciento es toda clase de relación sexual basada en recibir placer de forma egoísta, sin intentar conectarse con el alma del otro de forma amorosa y con el propósito puro de compartir.

Algunas experiencias del Sexo del 1 por ciento son:

- pensar en tu propio placer antes que en el de tu pareja;

- para un hombre, llegar al orgasmo antes que su pareja;

- coquetear con alguien que no es tu pareja;

- tener relaciones extramatrimoniales;

- tener sexo durante el ciclo menstrual de una mujer;

- masturbarse;

- excitarse con pornografía y pensar en otra persona mientras haces el amor con tu pareja.

DEJEMOS A UN LADO LA MORALIDAD

Permíteme recordarte que los elementos en nuestra lista del Sexo del 1 por ciento no tienen nada, absolutamente nada que ver con la moral, con la culpa ni con principios religiosos. La Kabbalah se ocupa del flujo de energía, la física de la espiritualidad y la metodología para generar un alto voltaje de poder sexual. Aparta a un lado el comportamiento moral y ético, tira la vergüenza y la culpa por la ventana y lanza los principios "religiosos" al mar. La Kabbalah no está relacionada con estos conceptos.

Si el Sexo del 1 por ciento proporcionara una conexión duradera con el placer, los kabbalistas serían los primeros en apoyarlo. Pero el Sexo del 1 por ciento no lo logra.

Todo esto nos lleva al séptimo y último capítulo.

LAS IDEAS ESENCIALES DEL LIBRO SEIS

- El Adversario es parte de nuestra naturaleza, aunque la mayoría de las veces no lo reconozcamos.

- El Adversario nos lleva a comportarnos de forma egoísta seduciéndonos con placer inmediato y gratificación instantánea.

- Recibir placer egoístamente es como una conexión directa entre el polo positivo y negativo de una batería: produce un cortocircuito y una pérdida de poder.

- La Resistencia es la clave para evitar las conexiones directas. Enciende la Luz de la energía sexual.

- La Resistencia trabaja como el filamento de una bombilla de luz: resiste la energía y, por eso, la energía se transforma en Luz.

- El Libre Albedrío nos permite escoger entre resistirnos a recibir de forma egoísta o no resistirnos.

- El conocimiento es el enlace que nos conecta con la Realidad del 99 por ciento de Luz.

- La sabiduría y las herramientas de la Kabbalah no están basadas en la moral, sino en un egoísmo iluminado.

LIBRO SIETE
LAS HERRAMIENTAS KABBALÍSTICAS PARA AUMENTAR EL PLACER SEXUAL

RESISTENCIA A LA MASTURBACIÓN MASCULINA

La masturbación masculina consiste en estimular el pene para producir placer mediante la eyaculación. Te hace sentir muy bien, y además consigues un placer muy intenso de forma rápida. Sin embargo, al establecer una conexión directa entre el deseo (-) y el placer (+), la masturbación causa un cortocircuito.

La masturbación reduce la energía sexual de nuestras relaciones, y nos quita el poder sexual que necesitamos en el futuro. Ésta es una de las causas por las cuales la excitación mengua en nuestras relaciones. Si aplicas Resistencia y, con el único objetivo de conectarte con la Luz, te abstienes de satisfacerte a ti mismo, la energía sexual no sólo retornará, ¡también se multiplicará!

SEPARANDO LA REALIDAD DE LA FICCIÓN

No, no te quedarás ciego ni te crecerá vello en la palma de la mano; estas supersticiones sólo hacen que distraernos de lo que está sucediendo en realidad.

En primer lugar, masturbarse no es una acción de compartir. El único que se beneficia es uno mismo; no se transmite placer a otro. La masturbación gratifica sólo al 1 por ciento de nuestro ser: al ego. Es una acción impulsada por el *Deseo de Recibir sólo para sí Mismo*. Obtener placer de esta manera separa a quien lo hace de la Luz del 99 por ciento, ya que viola la Ley de la atracción.

En segundo lugar, recuerda que todo en nuestro mundo es una sombra o un reflejo de algo de la Realidad del 99 por ciento. En tal sentido, de todas las sustancias de la tierra, el semen es la más parecida a la Luz, ya que tiene el poder de crear vida. Y además genera un extraordinario placer en el proceso. La creación y el placer son atributos esenciales de la Luz.

Cuando el semen se produce pero no se usa para compartir placer o para procrear, la poderosa energía que éste contiene queda abandonada en la intemperie de este mundo físico, como energía cruda y desnuda. Esto da al Adversario la oportunidad de capturar esa fuerza y utilizarla para fortalecerse. El Adversario no tiene Luz ni poder propios; la única Luz y fuerza que obtiene es la que le entregamos nosotros. Por eso, cada vez que reaccionamos y complacemos a nuestro ego lo estamos fortaleciendo. Cuando el semen —la sustancia más poderosa de la tierra— no se emplea con un propósito positivo, el Adversario se queda con su poder. Pero, ¿cómo?

SALVAGUARDANDO ENERGÍA

La electricidad debe protegerse con un cable para poderla aprovechar de forma segura. La energía nuclear está encerrada dentro del átomo. Si el átomo se abriera y la energía se liberara, causaría una destrucción inimaginable. Del mismo modo, si un cable de alto voltaje estuviera expuesto, colgando en medio de la calle, y alguien lo tocara, esa cruda energía lo mataría en un instante. El átomo y el cable actúan como un recipiente, una Vasija que contiene y resguarda la energía.

Según la Kabbalah, el semen también debe tener una Vasija que lo proteja para ser aprovechado de forma segura en nuestra vida. Una amorosa *intención* de compartir es la Vasija que guarda y oculta la Luz representada por el semen del hombre.

La oscuridad no puede coexistir con la Luz, por lo tanto, la intención de compartir desarma al Adversario. Cuando no hay Vasija, el Adversario se vuelve una presencia mucho más fuerte en tu vida; y esto significa que se crea más infortunio. Porque cada vez que el semen no está contenido en una vasija, el Adversario se apodera de él y lo utiliza para generar desdicha. Por supuesto, cuando las cosas van mal en tu vida, por lo general piensas que se trata de un caos producto del azar. Pero debes comprender que cualquier caos, depresión, ansiedad o angustia que experimentamos es el resultado del Adversario que captura la Luz que le damos y luego nos deja en la oscuridad. Y no te olvides de algo: tratar a tu cónyuge —o a tus amigos y enemigos— de una forma que no esté a la altura de la dignidad humana, también le da poder al Adversario. Derrochar la Fuerza de la Vida llamada *semen* es sólo una de las formas, la más poderosa, de fortalecer a tu Oponente.

Sin embargo, cuando el semen —la Luz— es utilizado con el propósito de compartir, puede atraer fuerzas tremendas de Luz hacia ti y el mundo. El Adversario se pierde una comida. Y se vuelve un poco más débil. Entonces el mundo se vuelve más luminoso, puesto que la unión de una pareja crea unión entre nuestro mundo y el Mundo Superior. Recuerda: ¡Tal como es arriba, así es abajo!

UNAS PALABRAS SOBRE LA MASTURBACIÓN FEMENINA

Según la Kabbalah, la masturbación de la mujer no causa el mismo caos espiritual que la masturbación del hombre. Cuando una mujer se masturba, no hay semen que quede expuesto. Por ese motivo, no se considera un cortocircuito.

Por otro lado, la masturbación femenina no crea Luz nueva. En otras palabras, no es un acto de compartir y da placer sólo al 1 por ciento de nuestro ser: nuestro ego. Es auto-gratificación. Cualquier acción que no esté pensada para generar Luz compartiendo con tu pareja se considera una acción desperdiciada y, por lo tanto, Sexo del 1 por ciento. Este tipo de sexo te mantiene —a ti y a tu alma— atrapado en la Ilusión del 1 por ciento. Y como ya sabes, a través del Sexo del 1 por ciento no puedes elevar tu vida a la Realidad del 99 por ciento.

Por ello es ventajoso que la mujer se abstenga. La idea no es dejar de hacer algo, sino inyectar en tu relación (o futura relación) más Luz y energía sexual. Si eres soltero o soltera, cuanta más Luz generes en tu vida, más rápido atraerás a tu verdadera alma gemela.

HERRAMIENTAS QUE NOS AYUDAN A RESISTIR

Muchas veces es difícil resistirse a la masturbación. Cada individuo debe trabajar con aquello que funciona para él si siente la inclinación de practicar esta técnica y poner a prueba las enseñanzas de la Kabbalah.

A fin de ayudarnos en esta tarea, los antiguos kabbalistas nos suministraron hace unos 2.000 años las herramientas que nos dan poder y fortaleza para resistir en aquellas áreas que escogemos. Estas herramientas incluyen los antiguos libros de *El Zóhar*.

EL PODER *DEL* ZÓHAR

El Zóhar está escrito en el antiguo idioma arameo, pero no debes conocer este idioma para utilizar *El Zóhar* como herramienta de meditación. *El Zóhar* no es sólo un libro para leer y estudiar. De hecho, ni siquiera es un "libro" en el sentido convencional. Para los kabbalistas, *El Zóhar* es un cable, una antena que conecta poderosamente con la fuerza y la Luz de la Realidad del 99 por ciento.

El Zóhar contiene pasajes con meditaciones muy potentes que nos inculcan la fortaleza necesaria para aplicar Resistencia en cada área de nuestra vida. Estos antiguos versos en arameo disuelven todos esos deseos que queremos eliminar de nuestra conciencia; también destruyen las fuerzas negativas que derivan de cortocircuitos sexuales previos y nos ayudan a recargar nuestras baterías.

Meditar el siguiente pasaje del *Zóhar* te infunde el poder para resistirte a la masturbación. Puedes pasar tu mirada rápidamente sobre el texto durante 1 ó 2 minutos, o bien puedes meditar intensamente sobre este pasaje durante 5 o 10 minutos. Ambas técnicas funcionan. La clave para activar este poder es tu propio deseo de lograr un objetivo específico y conectarte con el 99 por ciento. Cuanta más intensa sea tu convicción, más poderosos serán los resultados que lograrás.

MEDITACIÓN

394. כִּי רַבָּה רָעַת הָאָדָם. כָּל בִּישִׁין הֲווֹ עָבְדֵי, וְלָא אִשְׁתְּלִים חוֹבַיְיהוּ, עַד דַּהֲווֹ אוֹשְׁדִין דָּמִין לְמַגָּנָא עַל אַרְעָא. וּמַאן אִינוּן. דַּהֲווֹ מְחַבְּלִין אָרְחַיְיהוּ עַל אַרְעָא. הה"ד רַק רַע כָּל הַיּוֹם. כְּתִיב הָכָא רַק רַע, וּכְתִיב הָתָם וַיְהִי עֵר בְּכוֹר יְהוּדָה רַע בְּעֵינֵי ה'.

RESISTENCIA A LOS PENSAMIENTOS ADÚLTEROS

Durante el ardor de la pasión, a menudo las chispas empiezan a saltar y no es extraño encontrarte de repente pensando en otra persona que consideras atractiva. Inmediatamente, el "termómetro de la excitación" salta a la zona roja, haciéndote más difícil el resistirte a esos pensamientos que te excitan y que muchas veces aumentan la energía sexual. No obstante, la pasión y placer que ganamos con tales pensamientos es un cortocircuito, ya que alcanzamos un momento intenso de Luz directa seguido de oscuridad. Es como colocar una tela sobre una lámpara: cada pensamiento va debilitando la Luz, hasta que al final ésta se apaga.

EL ORIGEN DE LOS PENSAMIENTOS ADÚLTEROS

El Adversario implanta estos pensamientos en nuestra mente. De hecho, el Adversario, igual que el Alma original, tiene dos aspectos: el masculino y el femenino.

- El aspecto masculino se conoce con el término en clave (no pronuncies este nombre) *Samael*.

- El aspecto femenino se conoce con el término en clave (no pronuncies este nombre) *Lilit*.

La fuerza llamada *Lilit* se dirige al hombre, mientras que la fuerza conocida como *Samael* se dirige a la mujer. Éstas son entidades negativas que nos combaten todo el tiempo y que incluso implantan cinismo en nuestra mente para ocultar su existencia. Su único objetivo es engañarnos para que entremos en cortocircuito mediante el Sexo del 1 por ciento.

¿Por qué? Porque ellos reciben toda la Luz generada por el Sexo del 1 por ciento. Así es como sobreviven y aumentan su poder. Todo lo que tú obtienes es una chispa fugaz de placer. Se siente muy bien por un momento, claro, pero a largo plazo drena la energía sexual de tus relaciones. Entonces te ves forzado a masturbarte nuevamente o a pensar en otras personas mientras haces el amor con tu pareja, porque sientes una mayor sensación de vacío. Por eso te ves forzado a buscar más chispas de energía. Igual que Mark, vas trepando cada vez más alto en tus aventuras sexuales con la única intención de recuperar el placer perdido. Ya no es suficiente con tu pareja; ahora necesitas dos parejas al mismo tiempo; o tienes que tomar drogas.

RECUPERAR EL CONTROL DE TUS PENSAMIENTOS

Estos dos aspectos citados del Adversario te resultan muy familiares. Por ejemplo, cuando sabes que algo es bueno para ti, es la suave voz en tu interior que te dice: "Déjalo para el lunes". Cuando sabes que algo es malo para ti, es la voz que te dice: "Hazlo igualmente".

Cuando te sientas excitado imaginándote a tu pareja con otra persona, detente un momento e intenta salir de la excitación, permite que la sensación se vaya, no la retengas. Vuelve a empezar de nuevo con la intención de compartir con tu pareja; esta acción garantizará que la Luz fluya hacia ti y hacia tu pareja, y no hacia el Adversario.

A medida que continúes resistiendo estos pensamientos, comenzarás recargar gradualmente la batería de tu relación. Así, poco a poco, irás sintiendo como se renueva tu deseo y tu ardiente pasión por tu pareja. No lo dudes: todos esos años de cortocircuitos y pérdida de poder pueden ser borrados; sólo recuerda que recargar la batería que se ha estado descargando durante años puede llevar un tiempo.

HERRAMIENTAS PARA CONTROLAR LOS PENSAMIENTOS

Además de las tecnologías meditativas, la Kabbalah ofrece herramientas verbales para activar las fuerzas de energía positiva. El texto arameo reproducido a continuación puede recitarse antes de tener relaciones sexuales en pareja. Al pronunciarlo, mantendrás literalmente al Adversario fuera de tu habitación y los pensamientos negativos fuera de tu cabeza; prevendrás por completo que cualquier fuerza negativa capture la Luz que se genere durante tus momentos íntimos.

TRANSLITERACIÓN DE LA BENDICIÓN KABBALÍSTICA
(leer de izquierda a derecha)

A'TEE'FA BE'KET'FÁ EZ'DAM'NAT
SHA'REE SHA'REE LA TA'OL VE'LA
TIN'POK LA DI'DAJ VE'LA
BE'AD' BAJ TOOV TOOV YA'MÁ
ET'RA ' GI'SHA GAL'GE' LOW ' YI
Li'AJ KE'RAN BE'JUL'KA
KA'DI'SHA A'JID'NA BE'KEDU'SHA
DE"MAL'KA EET' AT'FAH'NÁ

KABBALAH Y SEXO

Además de o como alternativa a recitar los versos kabbalísticos mencionados, también puedes meditar sobre el siguiente texto en arameo antes de tener relaciones sexuales con tu pareja. Este texto incluye la meditación anterior. Simplemente escanea con la vista cada oración, de derecha a izquierda:

MEDITACIÓN

עֲטִיפָא בְּקוּטְפָא אִזְדַּמְּנַת, שָׁארֵי שָׁארֵי, לָא תֵּעוֹל וְלָא תִּנְפּוֹק,
לָא דִידָךְ וְלָא בְּעַדְבָּךְ. תּוּב תּוּב, יַמָּא אִתְרְגִישָׁא, גַּלְגַּלּוֹי לִיךְ קָרָאן,
בְּחוּלָקָא קַדִּישָׁא אֲחִידְנָא, בִּקְדוּשָׁה דְּמַלְכָּא אִתְעַטְּפְנָא.

RESISTENCIA A LOS PENSAMIENTOS SEXUALES NEGATIVOS Y A LA CULPA QUE CAUSAN

Todos los pensamientos negativos, absolutamente todos, provienen del Adversario. No importa cuán singulares te parezcan; no te pertenecen, no son tuyos. Los pensamientos negativos no se originan en tu verdadera esencia y ser, sino que son implantados dentro de ti. El único momento en que creamos oscuridad en nuestras vidas es cuando creemos que esos pensamientos negativos son nuestros y actuamos conforme a ellos. En cambio, si reconocemos que son obra del Adversario y gentilmente nos resistimos a ellos y los alejamos de nosotros, traemos Luz al mundo. ¿Comprendes ahora por qué tantas veces nos sentimos culpables, raros, deprimidos, avergonzados o preocupados al tener pensamientos sexuales inusuales? Ya no más. Libérate de esas sensaciones negativas y encuentra la libertad verdadera. Ahora sabes que no eres raro ni retorcido, ni extraño, ni loco, ni anormal. Eres un ser humano maravilloso, una chispa genuina del Creador, y has venido al mundo para descubrir esta verdad y enfrentarte al Adversario no aceptando sus pensamientos como si fueran tuyos.

KABBALAH Y SEXO

HERRAMIENTAS PARA CONTROLAR LOS PENSAMIENTOS

Esta meditación antigua erradica todos los pensamientos obsesivos, tanto los pensamientos sexuales negativos como aquellos que inducen miedo y ansiedad. Los detiene radicalmente.

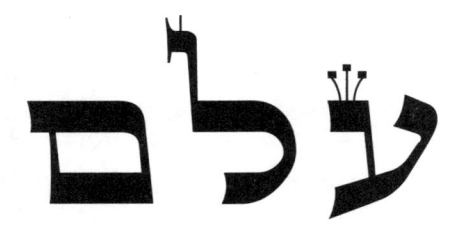

עלם

RESISTIRSE A LA PORNOGRAFÍA

Cuando nos sentimos excitados por la pornografía, como estamos en el estado de recibir, toda la Luz que generamos se dirige al Adversario. La Ley de la atracción entra en juego y nos alejamos de la Realidad del 99 por ciento. En consecuencia, sentimos placer al principio, pero después la oscuridad nos cubre a medida que aumentamos la separación entre nosotros y la Luz. Por ese motivo, al final la pornografía también deja de excitarnos: hemos ampliado tanto nuestra desconexión del 99 por ciento, que cada vez nos resulta más difícil conectarnos con el placer. Entonces necesitamos pornografía más dura para generar excitación, y nos encontramos atrapados dentro de un círculo vicioso. Nuestra distancia del 99 por ciento afecta todas nuestras relaciones. La pasión disminuye y la energía sexual se debilita.

RESISTIRSE AL FLIRTEO

Existen muchas formas de flirtear: en la oficina, en el chat, mediante sexo telefónico o con la mejor amiga o mejor amigo de tu pareja. Lo hacemos con palabras. Lo hacemos con gestos. Con nuestros labios.

El flirteo es Sexo del 1 por ciento. No existe la intención de compartir ni de crear una relación amorosa con la otra persona. Estás utilizando a la otra persona simplemente para satisfacer tu propio deseo. Eso es auto-gratificación. Es Recibir. De nuevo, estamos estableciendo una conexión directa con la energía.

- Tu deseo de flirtear es la carga negativa (-)

- El placer generado es la carga positiva (+)

Lo que recibes es una chispa de Luz seguida de un cortocircuito y la oscuridad. Esta oscuridad es la que mata la pasión en tu relación actual.

RESISTIRSE A LA INFIDELIDAD

Durante la Edad Media en Francia, cuando una mujer era infiel, era forzada a perseguir desnuda a una gallina por todo el pueblo. En la Roma antigua, las mujeres que estaban con dos hombres a la vez eran condenadas a muerte. Los hunos asiáticos castraban a los hombres adúlteros.

Según la Kabbalah, los castigos nunca lograrán poner freno al adulterio, porque son una respuesta fanática a este viejo y eterno fenómeno y, como tal, se consideran un comportamiento abusivo e intolerante.

Lo que realmente ayudará a una persona a resistirse al adulterio es la codicia pura. ¿Codicia? ¡Sí, codicia! El problema de ser infiel a la pareja es nuestra falta de conocimiento acerca de las verdaderas consecuencias espirituales. Hemos perdido la visión de la grandiosa recompensa que recibimos por ser fieles.

EL ARMA DEL TIEMPO

El Adversario no es estúpido. Es astuto, perspicaz. ¿Por qué? ¿Qué hace? Utiliza el *tiempo* para sorprenderte. ¿Cómo? Utiliza el tiempo para demorar las consecuencias de nuestras acciones, para oscurecer el poder de la causa y el efecto de manera que las consecuencias de nuestras acciones tengan lugar en una fecha posterior. Es una táctica muy inteligente, ¿sabes por qué? Porque el paso del tiempo te hace olvidar la causa original. Así, nunca detectas la correlación que hay entre el caos de tu vida y tu comportamiento egoísta anterior. Según la Kabbalah, estas repercusiones pueden ser demoradas por meses, años, incluso vidas.

Pero el engaño no termina ahí. El Adversario tiene otro as escondido en la manga . . .

REDIRECCIÓN DE LAS CONSECUENCIAS

El Adversario también puede redirigir la retribución de tu acción a otras áreas de tu vida, causándote con ello más confusión. Dicho de otro modo: si una persona comete adulterio, está lastimando a su pareja. Ésta no es una acción de compartir, sino de recibir. Por lo tanto, crea distancia y desconexión del 99 por ciento y el resultado inevitable es la oscuridad. Sin embargo, esta oscuridad no tiene por qué aparecer en la vida sexual de la persona; puede presentarse de repente en su negocio, en la relación con sus hijos o afectando su bienestar emocional o hasta su estado de salud. Debido a esta redirección de las consecuencias que efectúa el Adversario, llegamos a la conclusión errónea de que la vida es simplemente aleatoria, caótica, y que está basada en la suerte y el azar.

No logramos atar los cabos. No nos damos cuenta que cada acción egoísta (no importa si por ser mujeriego o por pelearse con otra persona por un aparcamiento libre) está sujeta a la ley de causa y efecto. Tarde o temprano, cada acción negativa causa siempre una reacción negativa.

LA RECOMPENSA

Cuando nos resistimos al adulterio, generamos una gran cantidad de Luz en nuestra vida. Esta Luz no sólo se dirige a nuestras relaciones sexuales, también se extiende a aquellas áreas de la vida donde más la necesitamos. Recuerda: la Luz es la cura para todo aquello que nos duele. Todos nuestros problemas, financieros, emocionales o de pareja, derivan de la falta de Luz. La Luz te entrega todo aquello que necesitas para ser infinitamente feliz y pleno.

LA IMPORTANCIA DE LA CONCIENCIA

La conciencia y la intención son activadores fundamentales de la tecnología kabbalística. ¿Qué significa esto? Que si eliges resistirte a la tentación de engañar a tu pareja sólo para no sentirte culpable después, *no* estarás atrayendo Luz. Tampoco la atraerás si te resistes a una aventura por miedo a la desaprobación religiosa. Una vez alguien me preguntó si Dios le castigaría por ser infiel a su mujer. Yo le contesté sin rodeos: *"Dios no castiga. Tampoco recompensa"*.

Por ejemplo, si una persona introduce el dedo en el enchufe, la fuerza de la electricidad la electrocutará; incluso podría llegar a matarla. Pero, ¿podemos decir que la fuerza de la electricidad ha castigado conscientemente a esa persona? De la misma forma, si enchufas una lámpara en la misma fuerza, iluminará la habitación y la oscuridad desaparecerá. La Fuerza de Dios funciona de la misma forma. La forma en que nos conectamos a esta poderosa fuerza determina si recibiremos Luz o dolor. Sólo depende de nosotros.

NO NOS REFERIMOS A LA REPRESIÓN

En la Kabbalah no reprimimos sentimientos; no nos resistimos a algunas conductas por miedo o por culpa. En la Kabbalah no tenemos que renunciar a ciertas cosas. Cuando actuamos desde esa conciencia, significa que no hemos comprendido el verdadero funcionamiento de las cosas. La verdad es que los estudiantes de la

Kabbalah somos un grupo codicioso. No obstante, poseemos la forma suprema de la codicia: la codicia por la Luz del Creador. La mayoría de las personas se conforman con la forma más baja de codicia: la del ego. Este tipo de codicia sólo entrega placer temporal, mientras que la codicia suprema otorga plenitud duradera.

Cuando te enfrentas a la tentación de una relación sexual de una noche, debes resistirte con el propósito de conectarte con la Realidad del 99 por ciento y obtener más felicidad. De no ser así, ¿cuál sería el punto?

LA BENDICIÓN DEL DIVORCIO

La Resistencia no es una razón para permanecer atrapado en un matrimonio infeliz que no funciona. El acto del divorcio es, de hecho, uno de los preceptos y bendiciones de la ley bíblica en el Antiguo Testamento. Si tu matrimonio está destinado a finalizar por alguna buena razón, intenta evitar las relaciones sexuales con otras personas hasta que el divorcio finalice. Kabbalísticamente, el proceso del divorcio desconecta de forma segura dos almas para que no se ocasionen cortocircuitos durante la ruptura. A menudo dos personas se casan para trabajar deudas kármicas de una vida previa. Hay ciertas lecciones que deben aprenderse y situaciones que deben experimentarse para poder crecer. Sin embargo, una vez que estas deudas se han pagado, un matrimonio puede disolverse para que ambas personas puedan evolucionar de forma libre y crear nuevas relaciones.

HERRAMIENTAS PARA RESISTIR LA INFIDELIDAD

El siguiente pasaje del *Zóhar* erradica de nuestra naturaleza los indeseables impulsos de flirtear. ¿Demasiado tarde? Nunca es tarde. Este poderoso texto también ayuda a purificar la energía negativa y la oscuridad creada por la infidelidad. Todo el mundo puede comenzar de nuevo y empezar a enriquecer su vida a partir del momento en que toma la decisión de hacerlo.

MEDITACIÓN

68. וְזַמִּין קוּדְשָׁא בְּרִיךְ הוּא לְאַפָּקָא חַד רוּחָא דְּכָלִיל מִכֻּלְּהוּ. דִּכְתִּיב מֵאַרְבַּע רוּחוֹת בֹּאִי הָרוּחַ. אַרְבַּע רוּחוֹת בֹּאִי לָא כְּתִיב כָּאן, אֶלָּא מֵאַרְבַּע רוּחוֹת בֹּאִי. וּבְיוֹמֵי דְּמַלְכָּא מְשִׁיחָא, לָא יִצְטָרְכוּן לְמֵילַף חַד לְחַד, דְּהָא רוּחָא דִּלְהוֹן דְּכָלִיל מִכָּל רוּחִין. יְדִיעַ בְּלָא. חָכְמָה וּבִינָה עֵצָה וּגְבוּרָה דַּעַת וְיִרְאַת יְיָ׳. מִשּׁוּם רוּחָא דִּכְלִילָא מִכָּל רוּחֵי. בג״כ כְּתִיב, מֵאַרְבַּע רוּחוֹת, דְּאִינּוּן אַרְבַּע דִּכְלִילָן בְּשִׁבְעָה דַּרְגִּין עִלָּאִין דְּאַמְרָן. וְתָאנָא, דְּכֻלְּהוּ כְּלִילָן בְּהַאי רוּחָא דְּעַתִּיקָא דְּעַתִּיקִין, דְּנָפִיק מְמוֹחָא סְתִימָאָה לְנוּקְבָא דְּחוֹטָמָא.

HOMOSEXUALIDAD

La Kabbalah no ofrece una opinión acerca de este tema porque, sencillamente, la Kabbalah no es una religión ni una filosofía con opiniones sobre la orientación sexual. La Kabbalah es un anteproyecto y una tecnología basada en la energía de la vida, que nos permite tener más Luz en nuestras vidas y fortalecer nuestra conexión con la Realidad espiritual del 99 por ciento, de la que todos derivamos.

La Kabbalah explica que el propósito primordial de la vida es transformar nuestros deseos egoístas y aprender a compartir con los demás. Como ya hemos mencionado, las relaciones son una parte muy importante en este proceso. Todas las personas, sean homosexuales o heterosexuales, se enfrentan a la ardua la tarea de aprender a resistir los comportamientos egoístas que el Adversario les propone. Cuando dos personas, cualesquiera sean, se comprometen a realizar juntas este viaje, a compartir y a ser conscientes del efecto que sus acciones tienen en el universo, revelan una gran Luz en el mundo.

Cuando converso con mis estudiantes homosexuales, me doy cuenta de que conectan fácilmente con la idea de las energías masculina y femenina. Recuerda que en el Alma unificada hay cargas positivas y negativas. De hecho, la Kabbalah explica que las energías masculinas y femeninas, o las almas masculinas y femeninas, pueden ser atraídas hacia un cuerpo del sexo opuesto. Algunas personas puede incluso tener una combinación de estas dos energías, lo que puede afectar su sexualidad.

En definitiva, el alma de una persona escoge el cuerpo en el que habitará antes de entrar en el mundo físico. Y todos estamos aquí con el mismo propósito: aprender a compartir más, a parecernos más a la Luz y a activar la Ley de la atracción en nuestras vidas. Por eso, sea cual sea la combinación de alma y cuerpo que tengamos, todos somos exactamente aquello que necesitamos ser para poder cumplir con nuestra misión. La Kabbalah explica que independientemente de dónde nos lleve este fantástico viaje, todos somos chispas de lo Divino, del Creador; y el Creador no comete errores.

La Kabbalah habla del peligro que representa el esperma que se deja al aire libre. Puesto que el semen contiene una gran cantidad de Luz, deben realizarse todos los esfuerzos posibles para evitar que quede expuesto a la fuerza del Adversario. Sin embargo, es interesante tomar nota de que un hombre no necesariamente debe eyacular para tener un orgasmo. Existen técnicas de meditación que lo ayudan a controlar la eyaculación y experimentar el orgasmo de todos modos, aunque puede no ser una tarea fácil. Pero al final, en definitiva, todos queremos lo mismo: inyectar más Luz en nuestras vidas.

Tratar a todas las personas con dignidad humana es una herramienta esencial de la Kabbalah. No porque sea moralmente correcto, sino porque el juicio y el odio son herramientas de nuestro Adversario y nos desconectan inmediatamente de la Luz. Tratar a todas las personas con amabilidad y compasión y compartir con los demás son conductas nos conectan con la Luz que inyectará pasión y emoción en nuestras vidas.

> *Hay más cosas en el cielo y en la tierra, Horacio, de las que sueña nuestra filosofía.*
> —William Shakespeare, *Hamlet*

Rachel es homosexual y ha estado estudiando la Kabbalah durante tres años. Antes de conocer la Kabbalah, Rachel vivía constantemente con el miedo a ser rechazada. No tenía idea de cuál era su propósito en la vida ni cómo su sexualidad encajaba en el esquema de las cosas.

> El estudio de la Kabbalah me ayudó a ver que no se trata de ser homosexual o heterosexual, sino que debemos comprender que cada persona tiene algo con lo que contribuir a la vida. Todos somos responsables de la cantidad de negatividad o Luz que hay en el mundo. Aprender a resistirte al ego es como encontrar un tesoro nuevo cada día. En vez de quedarte atascado por la culpa y la vergüenza, por el aburrimiento y el vacío, te sientes inspirado a hacer lo que siempre quisiste, a escribir el libro que siempre soñaste, a ayudar voluntariamente a niños que han sufrido de abuso, o simplemente a liberarte del rencor y el dolor que has acarreado contigo durante años. No tiene que ver con lo que quieres, sino con quién eres.

> A menudo las personas se enfocan en la parte sexual de la homosexualidad, que es comprensible cuando aprendemos la medida en que todos nos enfocamos en la realidad 1 por ciento. Sin embargo, ser gay es mucho más que sexo. Nadie tiene el monopolio del egoísmo en el sexo y en las relaciones, todos nos comportamos así. Me he dado cuenta de que la vida es hacer el esfuerzo para ver la chispa del Creador en los demás y apreciarla verdaderamente. En especial en las personas con las que estoy en desacuerdo o que más me molestan.

Para cerrar este tema, plantearé una sencilla cuestión. Supón que tenemos una pareja heterosexual que se trata de forma abusiva; ambos maltratan a sus amigos y a sus colegas, y su comportamiento está totalmente carente de decencia humana.

Por otro lado, tenemos a una pareja homosexual que comparte una vida distinguida por una búsqueda constante de ser amable con los demás y un esfuerzo por tratar a los otros con dignidad. Según las enseñanzas de la Kabbalah, ¿qué pareja estaría revelando más Luz en el mundo?

Respuesta (como era de esperar): La pareja homosexual.

Por último, permíteme parafrasear una enseñanza del gran sabio Kabbalístico conocido como Hillel:

> *El único propósito del estudio de la Biblia es lograr la habilidad de amar al prójimo como a uno mismo. Todo el resto del aprendizaje son meros comentarios. Ahora ve y aprende.*

ORGASMOS: LA MUJER PRIMERO

Un texto kabbalístico medieval muy famoso, titulado El Libro de los Piadosos, afirma:

> Tu esposa debe vestirse y adornarse como una "parra fructífera" para que tu lujuria se avive como un fuego y tu semen se dispare como una flecha . . . Debes demorar tu orgasmo hasta que tu esposa haya alcanzado su orgasmo primero.

El hombre generalmente alcanza el orgasmo primero porque tiende a excitarse más fácilmente. Sin embargo, el hombre debería asegurarse de que su esposa experimente mucho placer durante el sexo, y que alcance su orgasmo primero. Según la Kabbalah, el hombre también tiene la obligación de satisfacer a su esposa y de darle sexo de forma regular. Es su responsabilidad, y no al revés. Que un hombre se niegue a tener sexo con su esposa cuando ella lo solicita es motivo de divorcio. Por lo tanto, el placer de la mujer y su orgasmo son muy importantes en la Kabbalah.

Veamos el por qué examinando la importancia del juego preliminar.

LA IMPORTANCIA DE BESARSE, ACARICIARSE Y DEL JUEGO PRELIMINAR

Según la Kabbalah, el juego preliminar es un aspecto vital a la hora de hacer el amor. Besarse es una forma poderosa de fusionar almas. ¿Por qué? Porque la respiración es un atributo esencial del alma de una persona. Cuando las respiraciones se mezclan en un beso apasionado, las dos almas se unen. Hacer el amor sin besarse y sin un dedicado juego preliminar se considera masturbación. Tampoco pueden ser simples besos; los besos deben ser ardientes, apasionados y salvajes. Digamos que los franceses entendieron muy bien el significado de besarse según la Kabbalah. *El Zóhar* lo dice muy claro:

> *No existen besos de alegría y amor **excepto** cuando ambos se aferran el uno al otro, boca a boca, espíritu a espíritu, y se saturan con placer y éxtasis.*

Durante el juego preliminar, un hombre debe dedicar toda su energía a excitar a su pareja hasta el grado más alto posible. ¿Por qué? Esta pregunta nos lleva al inicio de este libro y al primer principio kabbalístico, que afirma:

La Luz del Creador no puede manifestarse ni expresarse sin un Receptor.

Cuando una mujer se excita, su deseo sexual se intensifica. Entonces se convierte en un Receptor verdadero y efectivo. Se vuelve un recipiente para que la Luz la llene desde el Mundo Superior.

El gran Kabbalista medieval Moses ben Nakhman escribió:

> *Es adecuado ganar su corazón con palabras de encanto y seducción y otras cosas apropiadas.*

Cuanto más grande es el deseo de una mujer, más Luz la llenará. Éste es un concepto muy importante. La Kabbalah enseña que cuando un hombre y una mujer se unen al hacer el amor apasionadamente, el Mundo 1 por ciento y la Realidad del 99 por ciento *reflejan esa unión*. No se trata de una metáfora ni una analogía. Es un hecho.

Esto implica que cuanto más fuerte sea el deseo de una mujer, más Luz llenará nuestro Mundo 1 del por ciento. La excitación sexual de una mujer excita toda la existencia física y expande su capacidad de atraer la Luz de la Realidad del 99 por ciento. Por esta razón, cuanto más seduce, excita y agrada un hombre a una mujer —tanto previamente a la relación como durante ésta— más Luz recibirá la pareja y, en consecuencia, más luz recibirá nuestro loco y caótico mundo.

POR QUÉ LA MUJER PRIMERO

Lo creas o no, cuando el acto sexual encarna el verdadero compartir de una pareja, éste elimina la oscuridad, el dolor y el sufrimiento de la existencia humana. Sólo nuestro Adversario evita que comprendamos el poder de esta verdad. De la misma forma, el sexo egoísta o abusivo sólo contribuye a atraer más oscuridad al mundo.

Cuando una mujer experimenta el orgasmo primero, su deseo, su estado receptivo, se encuentra en su punto más alto. Entonces el hombre puede impartir el semen a través de su propio orgasmo, generando y compartiendo el placer máximo con su pareja y con el mundo. Si un hombre llega al clímax primero, antes de que la mujer esté excitada por completo, ella recibe placer limitado (si es que recibe algún placer). Este placer limitado reduce a su vez la cantidad de Luz que se revela en nuestro mundo. Si ella no obtiene nada, el mundo tampoco.

Examinemos esto con mayor detalle.

EL ORGASMO MASCULINO

Después o durante el orgasmo de una mujer, el hombre debería eyacular la más rápido posible y con la máxima intensidad. Su eyaculación corresponde a la Luz llenando el Alma. Además, en el momento preciso en que el hombre eyacula, su cuerpo se encuentra en el estado puro y absoluto de compartir mientras imparte la fuerza de vida a su pareja. Como consecuencia, esta descarga de fluido seminal entrega el placer más supremo que el hombre pueda llegar a sentir.

La Luz del Creador impregna por completo el ser de un hombre a medida que fluye a través de él durante el momento místico del orgasmo. El hombre ha logrado ahora el estado de unidad con la Luz del Creador a través de la Ley de la atracción, puesto que tanto él como la Luz tienen naturalezas de compartir idénticas.

La eyaculación es un modo automático de compartir. Una vez que se logra el clímax, cuando el semen se dispara automáticamente, no existe Libre Albedrío. Por tanto, el estado de unidad de un hombre y su intenso placer son celestiales, pero breves. En el momento preciso en que el estado automático de compartir (la eyaculación) finaliza, cesa el placer y el hombre regresa a su existencia física.

COMPARTIR LA ALEGRÍA DEL ORGASMO

Los kabbalistas nos dicen que un orgasmo nos proporciona una pequeña muestra de lo que realmente se siente al ser como Dios. En otras palabras, el acto genuino de compartir es en realidad una experiencia orgásmica. Así lo sentimos durante el sexo. Pero, desafortunadamente, compartir en otros aspectos de nuestra vida nos hace sentir exactamente lo opuesto al orgasmo. Nos resulta incómodo. No nos gusta compartir ni dar cosas. No damos hasta que duele, ¡precisamente porque duele! Nos encanta recibir. Nos encanta obtener.

Estos sentimientos opuestos ocurren por una razón. La alegría orgásmica y verdadera de compartir está intencionadamente oculta para nuestros sentidos a fin de que podamos ejercer nuestro legítimo Libre Albedrío cuando elegimos resistirnos a recibir y, en su lugar, elegimos compartir con los demás. Esto tiene mucho sentido cuando te detienes a reflexionar sobre ello. Imagina qué ocurriría si cada vez que compartes sintieras la extraordinaria felicidad del orgasmo:

> Donas dinero a una causa benéfica . . . *¡Orgasmo!*
> Dedicas tu tiempo a ayudar a los ancianos . . . *¡Orgasmo!*
> Ayudas a tu pareja con las tareas del hogar . . . *¡Orgasmo!*
> Alimentas a los hambrientos . . . *¡Orgasmo!*
> Te ofreces como voluntario para construir viviendas para los necesitados . . . *¡Orgasmo!*
> Ofreces ayuda a tu competencia en los negocios . . . *¡Orgasmo!*
> Ofreces amabilidad y amor a tu peor enemigo . . . *¡Orgasmo!*

Si un simple acto de compartir produjera un orgasmo increíble cada vez, puedes apostar a que todo el mundo andaría corriendo como loco tratando de compartir con la mayor cantidad posible de personas.

Podría decirse, irónicamente, que las personas ya andan corriendo día y noche tratando de lograr un orgasmo. Todo lo que hacen, en realidad, tiene el propósito oculto de obtener buen sexo. Pero lo están haciendo a través de recibir, no compartiendo. Porque la mayoría de nosotros entendemos las cosas al revés, el mundo está lleno de avaricia, y por lo tanto, repleto de oscuridad y caos.

Ahora imagina esto: ¿Qué sucedería si el orgasmo que experimentas al compartir fuera 60 veces más poderoso que el que tuviste la semana pasada? Sí, ¡este planeta se convertiría en una gran orgía de generosidad! Entonces surgirían en el mundo acciones de compartir, amabilidad, compañerismo, buena voluntad, actos positivos, y se expandirían más rápido que el virus más infeccioso.

NUESTRO DESTINO FINAL

No es casualidad que esto sea exactamente lo que nos espera una vez que eliminemos para siempre, de nuestra naturaleza y del mundo, al Adversario. Cuando logremos el objetivo de resistir 100 por ciento, la última cortina caerá; la felicidad asociada con el compartir verdadero se revelará y toda la humanidad podrá experimentarla.

Entonces buscarás oportunidades de compartir para ayudar a cubrir las necesidades de tu prójimo, porque te ocasionará una alegría orgásmica. Y lo que es aun más increíble es que seis mil millones de almas estarán ocupadas también las 24 horas intentando compartir toda su buena fortuna contigo. Todos estarán ocupados nutriendo y ocupándose de los demás, logrando un orgasmo en el proceso. Tú estarás compartiendo, pero al mismo tiempo también estarás recibiendo regalos de miles de millones de otras personas. ¡Qué escenario tan asombroso!

Naturalmente, es difícil creer todo esto porque el Adversario todavía se encuentra entre nosotros. Nuestras dudas y nuestro escepticismo son su obra.

KABBALAH Y SEXO

Pero afortunadamente existen las herramientas de la Kabbalah, que nos ayudarán a penetrar en esta ilusión y a eliminar todas las dudas para que podamos lograr la máxima plenitud cuanto antes posible.

Por cierto, la recompensa final de esta transformación del comportamiento humano va más allá del placer de un orgasmo masculino. Descubramos la retribución final examinando otra clase de orgasmo: el de una mujer.

EL ORGASMO FEMENINO

Cuando una mujer alcanza el orgasmo durante una relación sexual, se encuentra en el estado de *Recibir con el Propósito de Compartir*. En otras palabras, está recibiendo el órgano sexual masculino y, al hacerlo, está impartiendo placer a su pareja. Por eso es importante que una mujer sea consciente de esto. Debe mantener la conciencia de recibir placer con el propósito de compartirlo con su pareja. Si una mujer está pensando sólo en ella, su recepción se convierte en un simple acto de Recibir, y esto la desconecta del 99 por ciento.

Pero si es consciente de que está impartiendo amor y placer a su pareja, su acto de recibir, de acuerdo con la Kabbalah, se transforma repentinamente en un acto de Compartir.
Esta idea es muy profunda y muy importante.

Cuando una mujer altera su conciencia de forma que recibe placer sexual -incluyendo su orgasmo- con el único propósito de impartir placer a su pareja, entonces se encuentra en un estado puro de Compartir. Como resultado, une su alma al 99 por ciento y también recibe un tremendo placer. Esto es, en realidad, una gran paradoja: cuanto más piensen un hombre y una mujer en compartir, más reciben a cambio. La conciencia de compartir de una mujer carga la batería sexual de su relación, asegurando relaciones sexuales apasionadas y continuadas en el futuro.

UN MICROCOSMOS DE CREACIÓN

Un hombre y una mujer en pleno orgasmo se encuentran en la misma relación que la Luz y el Alma en la Creación original. El sexo con la conciencia correcta encarna el objetivo fundamental de la Creación:

> **La Luz comparte con el Alma.**
> **El Alma recibe placer con el Propósito de Compartir con el Creador.**

En esta dinámica, se considera que tanto la Luz como el Alma están compartiendo.

¿Recuerdas el Jardín del Edén y lo que la Serpiente le dijo al Alma durante su fatídico juego? La Serpiente dijo que si el Alma podía recibir con el solo propósito de compartir con el Creador, el rasgo de recibir del Alma se transformaría repentinamente en el rasgo de compartir. Por consiguiente, tanto la Luz como el Alma estarían compartiendo. El propósito de la vida en la tierra es transformar nuestro *Deseo de Recibir egoísta* en *Deseo de Recibir con el Propósito de Compartir*.

Las relaciones sexuales representan la forma más poderosa y significativa de lograr esta dinámica.

Si un hombre piensa primero en su mujer y se concentra en compartir con ella en lugar de su propio orgasmo, él será un modelo perfecto de la Luz, ya que estará compartiendo incondicionalmente.

Si una mujer considera primero a su esposo, recibiendo todo el placer que recibe con el solo propósito de darle placer, ella es el modelo perfecto del Alma. Ella está Recibiendo con el Propósito de Compartir. Su recepción se considera un acto de compartir. Después de todo, nada hace más feliz a un hombre que ver a su pareja colmada de deseo y placer como resultado del acto de hacer el amor.

Tanto el hombre como la mujer se encuentran ahora en un estado puro de compartir. ¿Comprendes la idea? Ahora pueden lograr la unidad, porque tienen naturalezas idénticas. Y lo que es más, obtienen unidad y conexión con la Luz del Creador. Y no sólo eso, sino que en este momento único *todo* el cosmos refleja su unión sexual. Nuestro mundo tiene una relación sexual con la Realidad del 99 por ciento.

Así es como transformamos nuestro mundo y nuestra vida sexual. Se trata de dar, no de recibir. Se trata de utilizar nuestros deseos de una forma positiva: compartiendo.

Los beneficios no se limitan a un *buen sexo* y la transformación del mundo. También se relacionan con el secreto de la inmortalidad. La inmortalidad es la recompensa final, una vez que dominamos el arte de Recibir con el Propósito de Compartir.

SEXO E INMORTALIDAD

Si quieres descubrir algunos antiguos secretos kabbalísticos sobre el logro de la auténtica inmortalidad, continúa leyendo. Si quieres dar un salto y seguir leyendo más consejos sobre sexo, ignora la siguiente sección.

¿Sabes por qué muere la gente? No por causa de la enfermedad, ni por que envejecen. Eso es tan solo el efecto, no la causa de la muerte. Las personas mueren porque sus átomos dejan de tomarse de la mano. Permíteme explicártelo.

Todo en el mundo está formado por átomos. ¡Todo!

Las pelotas de fútbol, los fettuccini, las moléculas, los misiles balísticos, los mejillones al vapor, los guijarros de la playa, las nubes en el cielo, los ídolos incas de los antiguos templos peruanos, los héroes americanos de las series de TV.

No hay nada en nuestro universo que no esté formado por átomos. Entonces ¿por qué hay tanta diversidad en el mundo? ¿Por qué un corazón es distinto de un riñón si ambos están hechos de átomos? Por la misma razón que las *palabras* pueden tener significados totalmente diferentes a pesar de estar formadas por las mismas letras del alfabeto. Todo depende de la forma en que las letras o átomos estén ordenados.

LOS BLOQUES DE CONSTRUCCIÓN DE LA VIDA

Consideremos los bloques de construcción de Lego. Puedes construir un coche, un cohete, un robot, un edificio o cualquier otra cosa con ellos. Todo depende de la forma en que coloques los bloques. Del mismo modo, los átomos se ordenan de una manera para crear tejido cerebral y de otra distinta para formar el periódico que lees cada mañana. Claramente, estas son formas disimilares de materia.

QUIERO TOMAR TU MANO

Los átomos se agrupan creando vínculos unos con otros. En términos simples, *se toman de la mano*. Cuando dos o más átomos *se toman de la mano*, se llaman moléculas. Las moléculas son simplemente grupos de átomos que se toman de la mano. Éstas, a su vez, se juntan para crear la materia física: desde los lagartos hasta las patatas.

ÁTOMOS QUE SE UNEN CREANDO UNA MOLÉCULA.

CUANDO LA UNIÓN SE ROMPE

Cuando los átomos dejan de tomarse de la mano, se separan. Como consecuencia, la molécula deja de existir. Nosotros percibimos este proceso como el deterioro.

LA UNIÓN ENTRE LOS ÁTOMOS SE ROMPE, CREANDO ÁTOMOS INDIVIDUALES. LA MOLÉCULA DEJA DE EXISTIR.

EL ÁTOMO INDESTRUCTIBLE

La ciencia nos ha demostrado de forma irrefutable que los átomos nunca mueren ni se desgastan. Los átomos son indestructibles. Por lo tanto, cuando los átomos dejan de tomarse de la mano, la molécula muere, pero los átomos que formaban la molécula viven para siempre. Los átomos que sostienen tu existencia tienen una antigüedad de miles de millones de años.

Pensemos una vez más en el Lego. Supongamos que construyes una persona con piezas de Lego. Cuando la desarmas, el hombre muere, pero las piezas de Lego siguen existiendo.

KABBALAH Y SEXO

De la misma forma, cuando un ser humano muere, los átomos individuales que formaban a esa persona continúan viviendo. De hecho, la física nos dice que estos átomos están tan nuevos como el día que la persona nació. Los átomos de la persona simplemente vuelven a circular hacia la tierra y la atmósfera.

Entonces, la pregunta primordial es: ¿Por qué los átomos que forman nuestro cuerpo dejan de tomarse de la mano? Si no lo hicieran ¿lograríamos la inmortalidad? Absolutamente correcto.

La mayoría de los científicos nunca considera el cuadro completo; se ocupan de los síntomas de las enfermedades que ocurren como consecuencia de que los átomos dejen de tomarse de la mano, pero jamás se preguntan *por qué los átomos dejan de tomarse de la mano*.

    La Kabbalah se hace esta pregunta.
    La Kabbalah también la responde.

Cuando la Kabbalah reveló la respuesta a este interrogante hace 2.000 años, fue considerada un misticismo. ¿Por qué? Porque el átomo aún no se había descubierto. Como consecuencia, la gran mayoría no podía comprender de qué estaban hablando los kabbalistas cuando se referían a las fuerzas positivas y negativas que residen dentro del átomo. Tal como vimos anteriormente, los átomos están formados de:

- protones,
- electrones, y
- neutrones.

También descubrimos que:

- El protón es la Luz y la fuerza de compartir (+)
- El electrón es el Alma y la fuerza de recibir (-)
- El neutrón es el concepto de Resistencia.

En este caso, la clave es el electrón o el Deseo de Recibir, que son una misma fuerza.

¿QUÉ ES EL ÁTOMO EN REALIDAD?

En su nivel más profundo, el átomo es conciencia. Así es. En realidad, es lo único que existe. Cuando volvemos al momento de la Creación, podemos ver la fuerza que subyace toda la materia como lo que realmente es:

- Está la conciencia de la Luz, la fuerza positiva de Compartir.
- Está la conciencia del Alma, la fuerza positiva de Recibir.
- Y está la conciencia del acto de Resistencia del Alma, que es la causa primera de la Creación del mundo.

Estas tres formas de conciencia son las que crean el átomo. Es así de simple.

CÓMO LOS ÁTOMOS SE TOMAN DE LA MANO

Los átomos se toman de la mano mediante el electrón. En términos científicos, los *átomos comparten electrones* y esto es lo que los une. Cuando los átomos dejan de compartir sus electrones, significa que han dejado de tomarse de la mano. Lentamente, nuestro hombre de Lego se va desarmando. Cuando una cantidad suficiente de átomos deja de tomarse de la mano, llega la muerte.

El hecho de que el electrón tenga un papel clave en la unión de los átomos es, kabbalísticamente hablando, elegante y asombroso. El electrón está siendo utilizado para compartir. ¿Lo comprendes?

Hemos venido aquí a transformar nuestro Deseo de Recibir (electrón) en *Deseo de Recibir con el Propósito de Compartir* (átomos compartiendo electrones).

Reflexiona sobre la profundidad de este concepto. Y no dejes que el idioma y la terminología te confundan.

La frase kabbalística:

Deseo de Recibir con el Propósito de Compartir

Equivale exactamente a la idea:

Electrones compartidos por los átomos

Así pues, la única razón por la que los átomos dejan de tomarse de la mano es que nuestra conciencia se queda atrapada en el *Deseo de Recibir para Sí Mismo*. He aquí al Adversario en acción, la causa primordial de la muerte. Es por este motivo que la Biblia dice que la Serpiente trajo la muerte a este mundo. La muerte es causada por el egoísmo y por no poner freno a recibir sin el aspecto de compartir.

Cada vez que reaccionamos de forma egoísta, cada vez que recibimos y nos negamos a compartir, unos cientos de átomos dejan de tomarse de la mano y, por lo tanto, algunas moléculas dejan de existir. Esto se percibe como el envejecimiento, el desgaste del cuerpo, las enfermedades y otras formas de caos y decadencia.

Cuando nos resistamos y eliminemos al Adversario de nuestra conciencia de una vez y para siempre, estaremos en un estado perfecto de *Recibir con el Propósito de Compartir*. En otras palabras, los átomos (que no son más que un reflejo de nuestra conciencia) compartirán para siempre el electrón y, por lo tanto, nunca dejarán de tomarse de la mano. Los átomos son inmortales; si se toman de la mano para siempre, nuestro cuerpo será inmortal y viviremos eternamente.

Ésta es una explicación simple sobre cómo se logrará la inmortalidad en nuestro mundo. También es el significado oculto tras la enseñanza esencial de la Kabbalah:

Ama al prójimo como a ti mismo.

Amarte a ti mismo es Recibir.

Amar a tu prójimo es Compartir.

Amar a tu prójimo como a ti mismo es otra forma de decir: *Recibir (amor) con el Propósito de Compartir (amor).*

Esto es lo que se conoce como la Regla de Oro; es el camino hacia la inmortalidad. Moisés lo sabía, Jesús lo sabía, el profeta Mahoma lo sabía. La razón por la cual la Torá, el Nuevo Testamento y el Corán hablan de destruir al enemigo es que el *enemigo dentro de nosotros* debe desaparecer. El enemigo es el código para el Adversario. Lamentablemente, la religión ha necesitado miles de años para darse cuenta del verdadero significado de la palabra *enemigo*.

El Adversario está en todo acto de Recibir egoísta. Cuando destruyamos a este enemigo y Recibamos con el Propósito de Compartir, la inmortalidad estará disponible para nosotros. Por ello Moisés, Jesús y Mahoma anunciaron que la vida eterna se obtendrá al Final de los Días. El Final de los Días significa el Final del Adversario. Pero que esto ocurra depende enteramente de nosotros.

EL SEXO COMO MEDIO PARA CONSEGUIR LA INMORTALIDAD

Ahora podemos comenzar a percibir el significado del sexo. El sexo es la oportunidad perfecta para construir el modelo fundamental de lo que llamamos *Compartir* y, por supuesto, de *Recibir con el Propósito de Compartir*.

Si podemos lograr esta dinámica, ¡nuestra vida sexual durará para siempre!

De la misma forma, si nos tomamos de la mano con nuestra pareja, si nos tomamos de la mano con todas las personas en nuestras vidas, compartiendo amistad y ofreciendo amor incondicional, los átomos de nuestros cuerpos también se tomarán de la mano incondicionalmente.

La inmortalidad se convertirá en la nueva realidad.

RESISTIR EL SEXO DURANTE EL CICLO MENSTRUAL

Durante el ciclo menstrual de una mujer, no se produce resistencia entre la sangre (roja, energía negativa) y el esperma (blanco, energía positiva). Dicho de otro modo: al tener relaciones sexuales bajo estas circunstancias, la fuerza positiva (+) se conecta directamente con la carga negativa (-), causando un cortocircuito. Éste produce un gran drenaje de energía. De hecho, considéralo como un desastre.

Además, cuando la mujer expulsa esta sangre, se considera una vasija rota, una fragmentación del alma que en una ocasión estuvo lista para dar vida. Esta fragmentación se corresponde con la del Alma Única en la historia de nuestra Creación. Por lo tanto, no queremos conectarnos con esta energía.

Cuando una pareja hace el amor con el propósito de tener un hijo y el esperma fertiliza al huevo, el ciclo menstrual se detiene y la mujer se conecta con la energía de la Luz y de compartir. Por ejemplo, se crea leche dentro de su cuerpo, la cual se convertirá en el sustento del recién nacido. Esta transformación del alma, de sangre roja a leche blanca, tiene lugar únicamente cuando el esperma fertiliza al huevo; cuando la Luz llena el Alma. Cuando la concepción tiene lugar, se inicia un nuevo ciclo de compartir.

- El hombre comparte con la mujer.

- La mujer comparte con el hombre.

- El esperma comparte con el huevo.

- La mujer comparte con el hijo.

Durante la menstruación no existe la posibilidad de que se produzca este ciclo de compartir, ya que no hay Alma que pueda recibir la Luz de la creación y de la vida humana. Por este motivo no conectamos el esperma blanco con la sangre roja. Resistirse a tener sexo durante este periodo enciende la Luz.

LA TÉCNICA

Según la Kabbalah, es mejor abstenerse del sexo durante el periodo menstrual de la mujer desde el primer signo de sangre y durante siete días más desde el momento que deja de manchar; lo que generalmente equivale a un periodo de doce días.

Los lectores que encuentren desafiante la idea de estar doce días sin un orgasmo deben considerar la suerte que tienen de ser humanos: los pingüinos alcanzan el orgasmo sólo una vez al año. Además, esta abstinencia tiene su lado positivo.

Los siete días adicionales desde que finaliza el periodo de la mujer se corresponden con las Siete Dimensiones en el Reino del 99 por ciento y el Séptimo Cielo. La Luz del Séptimo Cielo fluye a través de las siete dimensiones hasta el alma de la mujer. Durante este periodo de siete días, el alma de la mujer se vuelve a crear, vuelve a nacer. Y esto es bueno, porque la relación entre el esposo y la esposa también vuelve a nacer durante dicho estado. El sexo tras este lapso es como el *sexo por primera vez*. ¡La pasión se dispara!

Cuando el ciclo menstrual y los siete días han transcurrido, en la noche en que se tendrá sexo, la mujer también puede sumergirse en agua trece veces. Tomar un baño en el mar, en una piscina o en un baño ritual es una forma poderosa de concluir la fase menstrual y preparar el alma de la mujer para ser un Receptor poderoso y una Vasija para la Luz del Creador.

¿Recuerdas a Michael y a Meredith? Comenzaron a utilizar esta herramienta kabbalística y descubrieron que su vida sexual resucitaba de una forma que nunca habían imaginado.

MICHAEL:
Antes de la Kabbalah podíamos pasar meses sin tener sexo. Cuando finalmente lo hacíamos, era igual de aburrido. Todo ese tiempo de abstinencia no generaba excitación. Al estudiar la Kabbalah, cuando probamos no tener relaciones durante el periodo de mi esposa, esa primera noche de sexo fue increíble. Había entre nosotros una gran tensión sexual que me hizo sentir como si tuviera dieciocho años. No estaba causado solamente por haber estado separados durante ese periodo: algo interno estaba ocurriendo; todo parecía nuevo.

La primera vez que intentamos aplicar esta técnica no fue fácil. Yo me sentía un tigre enjaulado y estaba de mal humor. Durante esos siete días nos peleamos más que nunca, y yo me comporté como un verdadero estúpido. Pero seguimos intentándolo. Después de unos meses me acostumbré, ya no era tan complicado. Me quedé estupefacto al sentir lo increíble que fue la primera noche de sexo después de la espera. Ese placer extraordinario fue lo que siempre me motivó para pasar por esos doce días previos. Ahora me siento como un adolescente soñando y fantaseando sobre el sexo con mi esposa todo el día. Y cuando llega esa noche, nos arrancamos literalmente la ropa.

MEREDITH:

El sexo con mi esposo me resultaba aburrido, para mí era una pérdida de tiempo. En realidad lo hacía para que no nos peleáramos, pero yo ya no sentía ningún deseo. Recuerdo la primera vez que logramos abstenernos los doce días. La noche que tuvimos sexo fue totalmente salvaje. En los meses posteriores ocurrió lo mismo. La anticipación era intensa. Nunca había creído que el sexo podía ser como en las películas, pero ahora siento que estoy teniendo ese tipo de sexo. Pero hay algo más importante. Me di cuenta de que mi esposo comenzó a respetarme más; se volvió más sensible y más considerado conmigo. Esto fue una gran sorpresa. En realidad, esto es más importante para mí que el buen sexo. Se volvió una persona más gentil y cariñosa. Y dejó de ser un desconsiderado.

SUGERENCIAS ADICIONALES PARA UN BUEN SEXO

POSICIONES SEXUALES

¿Recuerdas los televisores en blanco y negro con las antenas como las orejas de un conejo? Al mover las antenas y cambiarlas de posición, se determinaba la fuerza y la calidad de la señal. Nuestros cuerpos actúan de la misma manera. La posición del cuerpo durante la relación sexual determina la calidad y la fuerza de la señal sexual y la Luz que se recibe. Los kabbalistas han revelado varias técnicas para atraer una frecuencia mayor de Luz y para que la señal sea más fuerte.

MISIONERO

Una posición fantástica; altamente recomendada, especialmente durante el momento del orgasmo. ¿Por qué? El hombre corresponde al Mundo Superior, mientras que la mujer representa el Mundo Inferior. Por lo tanto, el hombre arriba emula la posición de los mundos espirituales. Esta alineación perfecta entre el hombre y la mujer y entre los Mundos Superiores y los Inferiores asegura el flujo máximo de Luz en nuestras vidas y en la existencia física durante el orgasmo.

LA MUJER ARRIBA

Funciona bien en la fase inicial del coito, pero en el momento del orgasmo, si la pareja gira y consuma el acto en la posición del misionero, genera una conexión más poderosa con la Luz. Y lo más importante: si tu conciencia está sintonizada con el porqué (alinearte con los Mundos Superiores e Inferiores) la intensidad del orgasmo será aun mayor.

EL HOMBRE DETRÁS DE LA MUJER A CUATRO PATAS

El placer que sentimos en esta posición tiene su origen en el grado más bajo de nuestra alma: nuestro instinto animal.

Esta posición, la favorita de muchas personas, está reservada para el mundo animal. Sin embargo, ya hemos visto que nuestro propósito único en este mundo es elevarnos a un nivel más alto de existencia. Por lo tanto, si evitamos esta posición *con el propósito de conectarnos con la Luz espiritual y elevar nuestras almas*, el placer generado al utilizar la posición del misionero será más intenso aun que todo el placer que hayas experimentado antes en esta posición animal.

En otras palabras, si no podemos sentir y experimentar los beneficios, ¿por qué hacerlo? Los kabbalistas no prescribirían o desalentarían ninguna práctica, salvo que haya un mayor beneficio para recibir.

Si todavía te sientes inclinado a utilizar esta posición, tal vez puedas utilizarla para excitarte y después volver a la posición del misionero en el momento del orgasmo.

KABBALAH Y SEXO

SEXO ORAL

La Kabbalah recomienda utilizar la felación (sexo oral para el hombre) para aumentar la excitación. Sin embargo, un hombre no debería eyacular de esta manera porque el semen queda expuesto al exterior. El único lugar en que el semen está protegido es en el órgano reproductivo de la mujer. Si el semen queda expuesto, las fuerzas negativas lo toman y nos roban nuestra Luz. Cuando una pareja consuma el juego preliminar oral con la penetración, una mayor cantidad de Luz se inyecta en su relación.

SEXO BAJO INFLUENCIAS

Si uno o ambos integrantes de la pareja se encuentran bajo el efecto de las drogas o el alcohol, la Luz que se genera se dirige al Adversario. La batería sexual de la pareja se vacía.

Con "influencias" nos referimos también a estar bajo los efectos del enojo o la hostilidad. Si albergamos en nuestro corazón enojo u odio hacia nuestra pareja y tenemos relaciones sexuales sólo para experimentar placer personal, estamos causando un cortocircuito muy grave. Una vez más, la Luz fluirá hacia el Adversario, por lo que le estaremos dando una gran cantidad de energía negativa que causará caos en nuestra vida.

Ten en cuenta que no hay ningún problema en beber una copa juntos para relajarse. Pero beber varias botellas para alcanzar el estado de ebriedad inevitablemente conduce al fracaso.

RESISTIR EL SEXO PREMATRIMONIAL

La conexión entre almas gemelas significa que dos mitades de una misma alma se han encontrado al fin la una a la otra tras muchas vidas. Ahora están preparadas para fusionarse en una sola alma. ¿Pero cuál es el pegamento que mantiene unidas a estas dos formas opuestas? El voto marital. Una vez más, utilizaremos la metáfora de la bombilla de luz para ver cómo se crea la energía sexual en un matrimonio.

Una bombilla de luz tiene un polo positivo (+) y un polo negativo (-). Éstas son fuerzas opuestas que deben conectarse para que la relación funcione. Si se conectan directamente, crean un corto circuito y la bombilla se quema; la relación entre dos fuerzas opuestas se rompe. La clave para unir estas formas opuestas es el filamento, que crea una resistencia uniendo el polo positivo y el negativo de modo que trabajen juntos para generar luz.

El hombre es el *polo positivo* de la bombilla.

La mujer es el *polo negativo* de la bombilla.

Los votos maritales y la institución matrimonial son el filamento que junta y une estas dos fuerzas opuestas, permitiendo a las dos mitades del alma trabajar unidas para crear Luz espiritual.

El sexo antes del matrimonio es simplemente una conexión directa que produce un cortocircuito, ya que es como una bombilla sin filamento. Si nos resistimos al deseo de sexo prematrimonial (filamento) y esperamos hasta haber incorporado el voto marital en la relación, obtendremos Luz duradera.

Se trata de una inversión inteligente y acertada en valores espirituales. Cuando uno se abstiene con el propósito de crear un circuito de energía con la Luz, la energía sexual se almacena y continúa creciendo a medida que inviertes en más Luz para el largo plazo.

HERRAMIENTAS PARA LA RESISTENCIA

Para aquellos que quieran intentar esta práctica, existen pasajes del *Zóhar* que ayudan a controlar los deseos sexuales.

Recorre con la vista y/o medita sobre los versos del *Zóhar* que aparecen a continuación. Cada palabra, cada letra libera tensión sexual mientras que, al mismo tiempo, crea y preserva tu energía sexual para una vida de éxtasis sexual con tu cónyuge.

MEDITACIÓN

328. ר' אַבָּא אָמַר, מַאי דִכְתִיב וְאֶת שַׁבְּתוֹתַי קַדֵּשׁוּ, אֶלָּא אֵין עוֹנָתָן שֶׁל תָּא חֲזֵי, אֶלָּא מִשַּׁבָּת לְשַׁבָּת, וּמִזְהַר לְהוֹ, דְּהוֹאִיל דְּתַשְׁמִישׁ הַמִּטָּה דְּמִצְוָה הוּא, קַדֵּשׁוּ, כְּלוֹמַר, קַדְּשׁוּ עַצְמְכֶם בְּשַׁבְּתוֹתַי, בְּהַהוּא תַּשְׁמִישׁ דְּמִצְוָה אָמַר רַב יְהוּדָה אָמַר רַב, הַאי מַאן דְּעָיֵיל לְקַרְתָּא, וְחָמֵי נָשֵׁי שַׁפִּירָן יַרְכִּין עֵינוֹי, וְיֵימָא הָכֵי סָךְ סָפָאן, אִיגְזַר אִיגְזַרְנָא קַרְדִּינָא תְּקִיל פּוּק פּוּק, דַּאֲבוֹי קַדִּישָׁא דְּשַׁבַּתָּא הוּא. מ"ט דַּחֲמִימוּת דְּאָרְחָא שָׁלַט בֵּיה, וְיָכִיל יצה"ר לְשָׁלְטָא עֲלוֹי.

SEXO EN LA NOCHE DEL VIERNES

Esperaré hasta medianoche... es cuando mi amor se desploma.
—Wilson Picket

La Kabbalah nos dice que las conexiones sexuales que se producen los viernes por la noche, en especial después de medianoche, son altamente realzadas por fuerzas de energía cósmica que se hallan disponibles únicamente durante este periodo. Lo que sucede es lo siguiente: cada viernes, al dar la medianoche, nuestra Realidad del 1 por ciento se eleva y se acerca a la Realidad del 99 por ciento. Una ventana se abre. Una cortina se descorre. Si abres las sábanas y te metes en la cama, una gran cantidad de energía espiritual te estará esperando. Dos personas que se unen durante el viernes en la noche causarán que el mundo físico también se una con el mundo espiritual en la conexión más cercana posible. El resultado es sexo divino. El resultado es un mundo bañado de Luz sagrada.

RODANDO DESNUDO SOBRE LA NIEVE

Sí, suena muy extraño, pero el Kabbalista del Renacimiento Rav Isaac Luria recomendó dar vueltas desnudo sobre la nieve para purificar y eliminar todos los bloqueos negativos que se han creado como resultado del sexo egoísta del 1 por ciento. Dichos bloqueos evitan que la energía sexual fluya en nuestras vidas.

Recuerda que la Luz está siempre allí. Si te encuentras en una habitación con una lámpara encendida y cubres la lámpara con veintidós capas de cortinas, la habitación se quedará oscura, pero la luz no dejará de brillar. El problema es la cortina. A medida que vas quitando las cortinas, la habitación se va iluminando. Cada una de estas herramientas quita las cortinas de nuestras vidas. Rodar desnudo sobre la nieve simplemente elimina una barbaridad de cortinas al mismo tiempo.

Según la Kabbalah, el agua es una de las sustancias de la tierra que más se asemejan a la Luz del Creador. La ciencia nos dice que el H2O es uno de los elementos más misteriosos del universo. Por este motivo el agua se utiliza para la purificación, tanto física como espiritual.

El agua en forma de nieve es una herramienta de limpieza muy poderosa. Elimina muchos cortocircuitos sexuales egoístas que se han ido acumulando durante vidas y que han creado más cortinas que una docena de tapiceros.

Jack es un estudiante de la Kabbalah que experimentó rodar desnudo sobre la nieve. Aquí está su testimonio:

AVENTURA DE BLANCA NIEVE
Al principio me negué terminantemente a hacerlo, pensé que era una idea loca. Sin embargo, después de unos meses pensé que podía ser una experiencia interesante. Después de todo, si los antiguos kabbalistas se reunían en mitad de la noche hace 500 años para rodar sobre la nieve, al menos valía la pena intentarlo. Me recordaba al club del oso polar donde todos se lanzaban a un lago congelado en pleno invierno como un ritual anual. Bueno, era marzo en Los Ángeles y por supuesto no había nieve, por lo que cinco de nosotros, tres hombres y dos mujeres, nos amontonamos en un Land Cruiser y fuimos para la montaña. Partimos al atardecer y llegamos hacia la medianoche. En la montaña, el camino se volvía cada vez más angosto a medida que ganábamos altura. La temperatura iba bajando: pasamos de 60° F en la base a 12° F apenas quince minutos más tarde. Daba miedo conducir por ese camino de montaña cubierto de nieve y hielo en la más completa oscuridad. Estábamos a unos 6.000 pies de altura.

Finalmente nos detuvimos. Estaba tan oscuro que no podía ver más allá del camino. Las mujeres cerraron los ojos y los hombres nos desvestimos. Luego los hombres cerramos los ojos y ellas también se desvistieron. Entonces fueron a buscar un lugar lejos de nosotros para rolar sobre la nieve. Me aseguré de que el coche se quedara en marcha por si surgía alguna emergencia y, por supuesto, para mantener la calefacción encendida. Te puedo asegurar que es una sensación muy extraña estar sentado desnudo en tu coche en la cima de una montaña, en el medio de la noche y con una temperatura de 12 grados. Tuve que tener mucho coraje para abrir la puerta y salir, pero lo hice. Comenzamos a caminar hacia unos árboles y mis pies se enterraron en la nieve. ¡No podía sentirlos! Estaban completamente dormidos. Es la misma sensación que cuando el dentista pone anestesia en tu boca. Sentía que estaba caminando sobre dos muñones. Me asusté. Encontramos un lugar en donde echarnos sobre la nieve y recuerdo que miré hacia el cielo y me sorprendió la cantidad de estrellas que había. Era una vista magnífica. Normalmente ese tipo de cielo tan bonito y tan repleto de estrellas no puede verse en la cuidad.

Se suponía que debíamos girar nueve veces completas. Me recosté sobre la nieve y comencé a rodar meditando para limpiar y purificar mi cuerpo y mi alma. En las primeras tres vueltas, la nieve quemaba y cortaba, por lo que estuve a punto de acobardarme y no acabar las últimas vueltas. Al final junté como pude todas mis fuerzas y terminé. La nieve estaba dura y tenía cortes en mis piernas y el trasero. Cuando finalicé me pareció que volaba tan alto como un cometa, el sentimiento era indescriptible. Aquella noche tuve sueños increíbles. Es difícil de describir, pero digamos que el poder y la verdad de esta herramienta se me revelaron esa noche, y lo que es más importante, en mi relación sexual.

A continuación encontrarás las instrucciones junto con las antiguas meditaciones kabbalísticas que debes escanear con la vista antes de rodar sobre la nieve. No te olvides de llevar también una toalla y una manta caliente.

INSTRUCCIONES PARA RODAR EN LA NIEVE

Medita sobre los siguientes símbolos kabbalísticos antes de comenzar a dar vueltas. Después recuéstate y gira nueve veces completas, de cara a la nieve.

KABBALAH Y SEXO

Como esta experiencia es única para cada individuo, te recomiendo que busques el consejo de un maestro de la Kabbalah o de un instructor de ayuda al estudiante llamando al 1 800 Kabbalah.

MEDITACIÓN

מי שמתגלגל ט' גלגולים, יכוין ליחד ולחבר ט' אותיות של ג' הי"ה ד"ג אהי"ה הנז', עוהם סוד ו"ת של ג' פרצופים הזכר, עם אלפין שבשלש ראשונות שלהם, הרי ט'.

LIBRO SIETE: LAS HERRAMIENTAS KABBALÍSTICAS PARA AUMENTAR EL PLACER SEXUAL

UNIENDO EL 1 POR CIENTO Y EL 99 POR CIENTO

Las siguientes son letras kabbalísticas en arameo que se corresponden directamente con el Mundo Superior y el Mundo Inferior. Cuando meditamos sobre estos dos símbolos durante el momento preciso del orgasmo, unimos ambos reinos. Esto ayuda a intensificar el placer y aumentar el volumen de la Luz que fluye hacia nuestra relación y hacia el mundo físico.

Ayuda a devolver la Luz que se perdió en el Jardín del Edén y a reparar el Alma Única fragmentada, acercando nuestro mundo a su destino final de paz y paraíso.

הּ ו

MUNDO INFERIOR   **MUNDO SUPERIOR**

Además, si estás tratando de concebir un niño, esta meditación atrae a las almas más positivas y elevadas del Mundo Superior. Si no estás intentando concebir un niño, tu meditación también atraerá a las almas más elevadas, pero las dirigirá a otras parejas que están intentando concebir.

Puesto que es poco probable que te lleves este libro a tu cama y medites durante el clímax de tu pasión, intenta memorizar estas imágenes para recordarlas cuando las necesites. Puede que te lleve varios intentos. O también puedes meditar sobre ellas antes de tener sexo.

RESISTIR A LA VERGÜENZA Y LA CULPA

La vergüenza es una emoción sin valor, destructiva, que sofoca. No nos permite ser las personas amorosas y con el propósito de compartir que fuimos creadas para ser. Nos aleja del verdadero entendimiento de nuestros deseos, nos bloquea el camino para comunicarnos con nuestro aspecto espiritual. Por todas estas razones, eliminar la vergüenza es el primer paso para lograr una mejor vida sexual.

La vergüenza es un sentimiento muy arraigado de que hay algo malo en ti, por causa de quien eres, lo que haces, de cuáles son tus creencias o por lo que pasado en tu vida. Sólo puede sentir vergüenza sexual aquel que está convencido de que sus necesidades o deseos sexuales son sucios, degradantes o incómodos. Y nada podría estar más lejos de la verdad.

Sin importar de dónde provienes, dónde creciste, qué hiciste en el pasado o en qué has creído hasta ahora, debes saber que el sexo es natural y hermoso. El sexo, con la intención correcta, es la forma en que las personas se conectan entre sí y con Dios. ¿Cómo podría ser algo así vergonzoso?

El sexo llevado a cabo de forma incorrecta puede corregirse y transformarse a través del sexo hecho correctamente. La vergüenza muchas veces no nos permite corregir nuestros fallos. Es una trampa. Olvídate de la vergüenza. Déjala ir.

ABUSO SEXUAL

Desgraciadamente, muchas personas sufren abuso cuando son niños. Muchas más sufren abuso en su edad adulta. Una de cada cuatro niñas es abusada antes de los dieciocho años, uno de cada seis niños sufre de abuso. El efecto del abuso sexual es como una cicatriz que continúa afectando e influenciando en el comportamiento de distintas formas. Estas cicatrices pueden conducir al abuso de drogas y alcohol, al odio a uno mismo, al divorcio, a la desconfianza, a la falta de intimidad, la vergüenza, la culpa y a patrones auto-destructivos, tanto en la vida como en las relaciones.

Por favor, recuerda lo siguiente: los sentimientos negativos, las emociones que dan vergüenza, culpa y preocupación, están conectados a la Ilusión del 1 por ciento, a tu Adversario. Aunque te resulte difícil, tienes que comprender que si bien alguien puede abusar de tu cuerpo, nadie puede abusar de tu alma, de tu verdadero Yo.

Sin importar cuán profundo penetren la culpa, el dolor y la vergüenza, nunca podrán llegar a tu alma, que siempre sigue siendo una chispa perfecta de lo divino.

Todos nosotros tenemos muchas capas de emociones de sufrimiento del 1 por ciento. Pero estas capas, por muy dolorosas que sean, nunca llegan al alma. Tal como hemos visto, si colocamos un trapo sobre un farol, la luz disminuye, y si colocamos otro más, la luz se atenúa aun más. Pero en la realidad, la fuente de luz nunca cambia. El farol no se modifica. Tu alma funciona de la misma manera. Está brillando ahora tan fuerte como cuando fue creada por la Fuerza que llamamos Dios. Los dolores que sentimos en la vida son los bloqueos, las capas de tela que se han colocado sobre nuestra alma.

Desafortunadamente, estos bloqueos van hasta lo más profundo. Cuando hay abuso, se coloca otra manta sobre nuestra esencia y la Luz que proviene de nuestra alma se atenúa. Sin embargo, la Luz original del alma siempre está brillando en su máximo esplendor.

Cuando compartes con otros, cuando intentas resistirte a la culpa con el propósito de conectarte al 99 por ciento, cuando meditas sobre *El Zóhar*, cuando aprendes estas verdades kabbalísticas, vas levantando gradualmente las capas de ropa que cubren tu verdadero yo.

Debes saber, en el fondo de tu corazón, que todo tu dolor puede ser sanado.

¿POR QUÉ ES TAN GENIAL COMPARTIR?

Probablemente estés comenzando a ver que todas las herramientas y la sabiduría conocida como Kabbalah son en realidad sólo técnicas para llegar a dominar el acto de Compartir. Al principio, la idea de compartir puede asustarnos. Pensamos en compartir como el acto de dar algo a alguien para quedarnos con menos. ¿Y quién en su sano juicio puede querer tener menos? Pero esta idea es engañosa.

Cuando Compartes, te unes con Dios. Te vuelves como Dios. Y cuando eres Dios, puedes crear cualquier cosa. Ésta es la recompensa. La retribución de Compartir. Compartir no se trata de moralidad. No tiene nada que ver con el comportamiento ético. ¡Se trata de codicia! Codicia para el alma.

Si cortas un trozo de una montaña, obtendrás una roca. La roca dejará de llamarse montaña sólo por haberse separado de su fuente. Sin embargo, si vuelves a colocar con cuidado la roca en la montaña, ya no podrás distinguir entre ambas. La roca se volverá montaña otra vez.

Cuando estamos separados de Dios, nos llamamos humanos. Esto significa que estamos estancados en nuestra naturaleza humana y nuestros rasgos humanos defectuosos y limitados. Estamos estancados en el caos y la confusión. Pero ¿qué causa esta separación? ¡El egoísmo! El egoísmo no es más que otro término que representa el concepto de Recibir para el ego.

Por lo tanto, cada vez que tenemos comportamientos que alimentan a nuestro ego, cada vez que reaccionamos a algo, nos separamos de la Luz. En vez de obtener placer y alegría duraderos, recibimos una chispa momentánea y temporal de placer. En lugar de ser divinos, nos volvemos mortales y llenos de faltas.

Recibir es el rasgo singular que crea originalmente la distancia entre nosotros y la Luz. Sin embargo, cuando compartes, cuando verdaderamente compartes hasta que duele, te unes con Dios (la Ley de la atracción) y te vuelves como Dios. Entonces puedes lograr cualquier cosa y recibirlo todo.

Por supuesto, es más fácil decirlo que hacerlo. Una cosa es comprender la idea y otra muy diferente es interiorizarla, ponerla en práctica y vivirla en un mundo auto-indulgente donde se te dice que debes pisar a los demás si quieres avanzar en la vida.

Los kabbalistas nos dieron las herramientas que necesitamos para disminuir nuestro ego y detener el destructivo ciclo de recibir y del comportamiento reactivo. ¡Así es como encontraremos el amor verdadero y disfrutaremos de buen sexo! Por cierto, la Kabbalah considera el amor de una forma muy distinta a la que podríamos esperar.

¿AMOR O NECESIDAD?

El 99 por ciento de la gente busca una relación amorosa porque anhela ese cálido sentimiento de seguridad que proporciona el hecho de ser amado. Si les preguntas por qué aman a su pareja, generalmente obtienes respuesta como éstas . . .

> Me trata con amabilidad.
> Me hace sentir amado/a y apreciado/a.
> Es mi mejor amigo/a.
> Puedo confiar en él (o ella).
> Realmente me conoce y me comprende.
> Satisface todas mis necesidades.
> Me hace sentir seguro/a y feliz.

Desde la perspectiva kabbalística, hay algo radicalmente incorrecto en estas afirmaciones. Según los Kabbalistas, esto no es amor, ¡es necesidad!. Todo se trata de mí. *Todo tiene que ver con lo que recibo y no lo que estoy dando.*

La necesidad es un deseo egocéntrico. Es un rasgo reactivo que al final te acaba separando de la Luz, ya que la Ley de la atracción dice que las fuerzas opuestas se repelen. Ésta es la razón por la que la mayoría de las relaciones fracasan. En lugar de compartir, la gente está recibiendo.

INCONDICIONAL ES LA CLAVE

El amor genuino se trata de Compartir incondicionalmente con otra alma. La palabra clave en esta frase es *incondicionalmente*. El mundo usa esta palabra a menudo, pero muy pocos la comprenden o la vivencian. Incondicionalmente significa que no hay intereses propios, que el amor que damos no tiene condiciones, que no importa lo que uno reciba a cambio.

El amor verdadero significa que una persona encuentra placer en dar y ver la felicidad y la satisfacción de la otra persona. ¡Esto es amor!

Pero este tipo de amor sólo evoluciona a través de la Resistencia. La verdad es que constantemente nos vemos bombardeados por deseos egocéntricos. Así es como funciona el cuerpo humano. Así es como se desenvuelve el juego de la vida. Sin embargo, cuando te resistes a los deseos egocéntricos y te concentras en los intereses de tu pareja, te conectas con la Luz. ¿Y sabes qué? Esta infusión de Luz te vuelve una persona amorosa y que se ocupa de los demás y, por lo tanto, te hace feliz.

Si continuas resistiéndote al comportamiento reactivo y egoísta, tu alma comienza a crecer y expandirse poco a poco. Lentamente vas aprendiendo a amar y a compartir incondicionalmente. Es un proceso. Es una transformación. Perfeccionar tu alma puede llevarte una vida entera, es cierto. Pero en el camino, y a cada paso de este proceso, puedes disfrutar de sexo salvaje y apasionado con tu pareja simplemente utilizando la sabiduría y las herramientas de la Kabbalah.

TU INDIVIDUALIDAD: UNA ÚLTIMA CONSIDERACIÓN SOBRE LA LEY DE LA ATRACCIÓN

La Ley de la atracción nos dice que lo similar crea cercanía, mientras que la disimilitud crea distancia. ¿Significa esto que nuestra alma gemela debe poseer exactamente los mismos atributos y opiniones que nosotros sobre la vida? ¿Son las relaciones y el buen sexo solamente posibles para dos personas que son copias idénticas la una de la otra? ¿Debemos abandonar nuestra individualidad y simplemente volvernos idénticos al otro?

No, de ninguna manera.

Por ejemplo, la semejanza entre dos personas puede observarse en el área de los objetivos espirituales, los ideales personales, los principios humanos; sin embargo, cada persona debe conservar las opiniones opuestas que tenga sobre otras cosas, como sus películas favoritas o las soluciones ante un problema. Imaginemos un negocio con dos socios. Ambos comparten un objetivo principal, que es aumentar las ganancias y expandirse. Los socios son idénticos con relación a este deseo. Tienen la misma meta, el mismo producto y comparten objetivos de negocio idénticos. Sin embargo, uno de los socios es un mago de las finanzas, mientras que el otro es un genio del marketing. Por lo tanto, tenemos dos funciones opuestas que sirven a un objetivo en común. Un socio utiliza la parte izquierda del cerebro, mientras que el otro utiliza la parte derecha. Tienen papeles y rasgos opuestos. El genio del marketing quiere gastar y gastar para realizar ventas y aumentar la ganancia. El mago financiero quiere disminuir los gastos y costes para aumentar las ganancias. Los dos tienen la razón. Algunas veces una estrategia de marketing competitiva resulta apropiada, otras veces un enfoque financiero un tanto frugal funciona mejor. El manejo de fuerzas entre los dos socios y el clima de negocios del momento ayudan a determinar el equilibrio correcto entre ambas para que el negocio crezca y aumenten las ganancias.

Si ambos socios se tratan de forma proactiva, con dignidad, respeto y amor incondicional, utilizando la técnica de la Resistencia, se creará una sinergia entre los opuestos y se unirán. Recuerda que en cierto nivel ya están cerca porque ambos tienen los mismos objetivos de negocio y financieros. En las áreas en las que se oponen, se unen mediante el poder de la Resistencia.

Esta también es la clave para obtener sexo eléctrico y relaciones apasionadas, cariñosas y exitosas. Dos individuos se fusionan juntos, completándose el uno al otro. Son dos mitades de la misma alma. Convirtiéndose en almas gemelas verdaderas, han reparado un aspecto del alma fragmentada.

LA KABBALAH NOS ENCUENTRA

El amor verdadero y las relaciones exitosas son el resultado y el efecto de un arduo trabajo espiritual. Una relación de almas gemelas verdaderas no se construye sobre la excitación, la pasión y la aventura. Nueve de cada diez veces, la excitación y la estimulación intensas que aparecen al comienzo de una relación son otro brebaje, una poción mágica envenenada que nos da el Adversario. Esta pasión nos atrapa y nos volvemos adictos. También lo llamamos encaprichamiento.

Una relación gratificante ocurre cuando existe un objetivo espiritual en común, valores espirituales compartidos y un deseo mutuo de construir una relación . . .

1. a partir de una base espiritual
2. con el propósito de conectarse con la Luz del Creador.

Ésta es la clave para lograr relaciones exitosas. No se trata de la intensidad inicial del deseo o la excitación que hace que tu corazón se dispare. A medida que pasan los años, estos sentimientos y respuestas corporales van menguando. Sólo tras años de trabajo duro y uso continuado de la Resistencia para evitar el egoísmo y sobrellevar los altibajos de una relación, hará que florezca el verdadero amor. Trabajo arduo significa tratar a tu pareja con dignidad humana y tolerancia, aun cuando la excitación no esté presente. Significa seguir dedicado a tu pareja porque existe un objetivo más grande, una meta global: la Luz del Creador y la transformación del mundo.

Algunas veces querrás estrangularla.
Algunas veces querrás abrazarla.
Algunas veces querrás matarlo.
Algunas veces querrás besarlo.
Algunas veces habrá pasión.
Algunas veces habrá impaciencia.
Algunas veces habrá excitación.
Algunas veces habrá puro aburrimiento.

Trabajar duro significa permanecer en el camino, elevándonos por encima de las emociones del 1 por ciento y conectándonos con el nivel del alma, con el propósito espiritual común, incluso cuando nuestras emociones y nuestro intelecto estén preguntándose: *¿Qué pasó? ¿Dónde se fue la pasión?* Después de dedicarnos a todos estos largos y duros años espirituales juntos, entonces el amor verdadero, la plenitud profunda y la pasión emergerán . . . para quedarse.

No te equivoques: el amor real, genuino e incondicional siempre gana al final. Piensa en los deportes. Un equipo deportivo nunca empieza una temporada con el trofeo y celebrando la victoria. Tampoco son campeones en la mitad de la temporada. El equipo debe jugar y luchar durante toda la temporada, esforzándose en todos y cada uno de los partidos. A esta temporada siguen las rondas de las eliminatorias. Y sólo al final, cuando los jugadores casi ya no logran aguantarse de pie, pueden levantar sus brazos en señal de victoria y ser proclamados campeones.

La misma situación se da en una relación genuina de almas gemelas. Todas esas vidas pasadas en la que estaban separados, buscándose el uno al otro inútilmente, pueden compararse con la temporada de la liga deportiva. Y tu vida presente, en la cual por fin se han encontrado, es como una ronda de eliminatorias. Sólo después de muchas temporadas de lucha y resistencia, sólo después de una buena actuación en la ronda de eliminatorias, pueden levantarse finalmente y ser declarados ALMAS GEMELAS.

Quienquiera que sea tu pareja en este momento, puede ser tu camino hacia tu alma gemela o tu verdadera alma gemela. Si no tienes pareja, éste sigue siendo el momento más importante de tu vida. Estás en el juego de la vida. Debes continuar jugando y ganar para poder avanzar. No puedes darte por vencido. Debes mantener tu visión en el trofeo y en el objetivo final en todo momento. Esto significa que debes encontrar formas de Resistir y transformar tus deseos de actos egoístas en actos de compartir y de bondad. No por razones morales, sino por una *codicia iluminada*. ¡Hazlo porque quieres tenerlo todo!

Si utilizas estas herramientas kabbalísticas, tendrás una temporada llena de recompensas, sin importar en qué etapa de la vida te encuentres. Estas herramientas acelerarán la llegada de tu alma gemela y del buen sexo. El hecho de que estés leyendo este libro ahora mismo significa que estás muy cerca de algo sustancial. ¿Por qué? Porque no somos nosotros quienes encontramos la Kabbalah. Es la Kabbalah la que nos encuentra a nosotros. Debes ganártela. Debes ser llegar a ser merecedor para descubrir este conocimiento.

El Kabbalista Rav Áshlag dijo con claridad que la sabiduría de la Kabbalah puede revelarse de forma segura en nuestra generación sin el miedo de que personas malvadas, malignas o negativas abusen de su poder. ¿Por qué? Porque en la era actual, todas las almas negativas se alejarán de la Kabbalah y de su sabiduría. Sólo aquellas que son puras y genuinas -a pesar de todos los malos hábitos, pecados y fechorías en las que hayan caído- serán atraídas por esta sabiduría.

Tú estás aquí. Estás leyendo estas palabras ahora mismo. Por lo tanto, estás cerca de vivir la experiencia de encontrar a tu alma gemela y de tener el sexo que conmueve a todo el cosmos. Puedes experimentar un sexo asombroso y espiritual. Esta vida puede ser y será una temporada de victorias.

Sólo recuerda, estas son las bases de este libro:

> Recibir es nuestro único problema.
> Compartir es la única cura.
> Resistencia es nuestra única herramienta para poner fin al problema y recibir la cura.

EL ZÓHAR

"Traer *El Zóhar* casi desde el olvido hasta una amplia accesibilidad ha llevado varias décadas. Éste es un logro del que estamos muy orgullosos y agradecidos."

—Michael Berg

Compuesto hace más de 2.000 años, *El Zóhar* es una colección de 23 libros basados en el comentario de asuntos bíblicos y espirituales en forma de diálogos entre maestros espirituales. Sin embargo, describir *El Zóhar* solamente en términos físicos es engañoso. En realidad, *El Zóhar* no es más que una herramienta poderosa para lograr el propósito más importante de nuestras vidas. El Creador lo entregó a la humanidad para brindarnos protección, para conectarnos con su Luz y para lograr nuestro derecho de nacimiento, que es la verdadera transformación espiritual.

Hace 80 años, cuando el Centro de Kabbalah se fundó, *El Zóhar* había desaparecido virtualmente del mundo. Pocas personas de la población general habían escuchado hablar sobre él. Quienquiera que quisiese leerlo (en cualquier país, idioma y a cualquier precio) se enfrentaba a una ardua e inútil búsqueda.

Hoy en día, todo esto ha cambiado. Gracias al trabajo del Centro de Kabbalah y al esfuerzo editorial de Michael Berg, *El Zóhar* está siendo transmitido al mundo no sólo en su idioma original, el arameo, sino también en inglés. El nuevo *Zóhar* en inglés proporciona todo lo necesario para conectarse con aquel texto sagrado en todos los niveles: el texto original en arameo para el 'escaneo', la traducción al inglés y los comentarios claros y concisos para su estudio y aprendizaje.

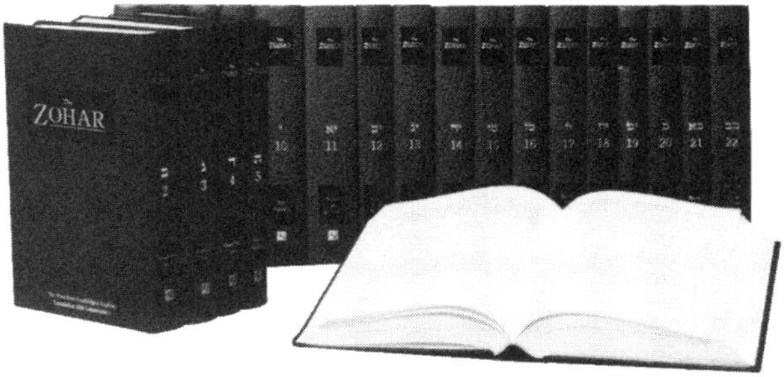
ZOHAR

MÁS PRODUCTOS QUE PUEDEN AYUDARTE A INCORPORAR LA SABIDURÍA DE LA KABBALAH EN TU VIDA

El libro del Hilo Rojo: El Poder de la Protección
Por Yehudá Berg

¡Lee el libro que todo el mundo lleva puesto!

Descubre la tecnología ancestral que da poder al popular Hilo Rojo, la herramienta más ampliamente conocida de la sabiduría Kabbalística. Yehudá Berg, autor del best-seller internacional *Los 72 Nombres de Dios: Tecnología para el Alma*, continúa revelando los secretos de la sabiduría más antigua y poderosa con su nuevo libro *El Hilo Rojo: El poder de la protección*. Descubre el antídoto para combatir los efectos negativos del temido "Mal de Ojo" en este segundo volumen de la serie Tecnología para el Alma.

Descubre el poder real tras el Hilo Rojo y entérate de porqué millones de personas no salen de sus hogares sin él.

Todo está aquí. ¡Lo que siempre quisiste saber acerca del Hilo Rojo y nunca te atreviste a preguntar!

Dios usa lápiz labial
Por Karen Berg

Dios usa lápiz labial está escrito exclusivamente para mujeres (o para hombres que desean entender mejor a las mujeres) por una de las fuerzas impulsoras detrás del movimiento de la Kabbalah.

Durante miles de años, se prohibió a las mujeres estudiar la Kabbalah, la antigua fuente de sabiduría que explica quiénes somos y cuál es nuestro propósito en el universo.

Karen Berg lo cambiado todo. Ha abierto las puertas del Centro de Kabbalah a todo aquel que quiera entender la sabiduría de la Kabbalah y ha traído la Luz a la vida de todas estas personas. En *Dios usa lápiz labial*, Karen Berg comparte esta sabiduría con nosotros, especialmente a cómo te afecta a ti y a tus relaciones. También revela el lugar especial que ocupa la mujer en el universo y explica por qué las mujeres tienen una ventaja espiritual sobre los hombres. Karen nos cuenta cómo encontrar a nuestra alma gemela y nuestro propósito en la vida. Ella nos incita a convertirnos en mejores seres humanos conectándote con la Luz, y nos da las herramientas para vivir y amar.

Ser como Dios
Por Michael Berg

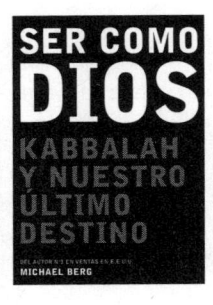

A los 16 años, el erudito de la Kabbalah Michael Berg comenzó la colosal tarea de traducir *El Zóhar*, el texto principal de la Kabbalah, de su idioma original, el arameo, a la primera versión completa en inglés. *El Zóhar*, que está compuesto por 23 volúmenes, es un compendio que incluye prácticamente toda la información relativa al universo y su sabiduría, la cual sólo comienza a ser verificada en la actualidad.

Durante los diez años en los que trabajó en *El Zóhar*, Michael Berg descubrió el secreto perdido hace mucho tiempo y que la humanidad ha estado buscando durante más de 5.000 años: cómo llegar a nuestro destino final. Ser Como Dios revela el método transformador por medio del cual las personas pueden liberarse de lo que se denomina "naturaleza del ego", para lograr de manera efectiva la dicha total y una vida duradera.

Berg presenta una idea revolucionaria: por primera vez en la historia se le da una oportunidad a la humanidad. La oportunidad de Ser Como Dios.

El Poder en Ti
Por Rav Berg

Al cabo de los últimos 5.000 años ninguna ciencia ni psicología han sido capaces de resolver un problema fundamental: el caos en la vida de las personas.

Ahora, un hombre nos brinda la respuesta. Él es el Kabbalista Rav Berg.

Bajo el dolor y el caos que afectan a nuestras vidas, el Kabbalista Rav Berg trae a la luz un reino oculto de orden, propósito y unidad. Nos revela un universo en el que la mente domina a la materia; un mundo en el que Dios, el pensamiento humano y la totalidad del cosmos están misteriosamente interconectados.

Únete al Kabbalista principal de esta generación en un asombroso viaje por el filo de la realidad. Intérnate en la vasta reserva de sabiduría espiritual que es la Kabbalah, donde los secretos de la creación, la vida y la muerte han permanecido ocultos durante miles de años.

La Caja de Sabiduría
Por Yehudá Berg

La Caja de Sabiduría se abre para revelar un auténtico Hilo Rojo, imbuido con la esencia de protección en la tumba de Raquel en Israel, así como cuatro exitosos libros escritos por Yehudá Berg, la autoridad líder en Kabbalah:

El Libro del Hilo Rojo proporciona un antídoto para las fuerzas negativas que están en funcionamiento en el mundo; *Dios no crea milagros, ¡tú lo haces!* nos da la fórmula para elimi-nar los obstáculos hacia nuestra felicidad, conectándonos con la verdadera fuente de milagros que se halla dentro de nosotros; *El Monstruo es Real* nos explica cómo enfrentarnos a nuestros miedos y eliminarlos para siempre; y *El Libro de los Sueños* nos muestra cómo utilizar la interpretación de sueños para encontrar a nuestra alma gemela, descubrir oportunidades en nuestra carrera profesional, prevenir la enfermedad y desarrollar la conciencia. El Hilo Rojo ha sido utilizado durante siglos por los kabbalistas; se coloca en la muñeca izquierda, y lo que hace es sellar la energía de protección interior, a la vez que intercepta la energía negativa del exterior.

Los Sueños: Encontrando el Camino en la Ocuridad
Por Yehudá Berg

En *El libro de los sueños*, la entrega debut de la serie Tecnología para el Alma, el autor de best-sellers Yehudá Berg levanta el telón de la realidad para revelar los secretos de la verdadera interpretación de los sueños, un saber que se ha mantenido oculto durante siglos.

Los lectores descubrirán un sistema muy antiguo para comprender los sueños y aprenderán técnicas poderosas que les ayudarán a encontrar a sus almas gemelas, descubrir oportunidades profesionales, ser alertados ante potenciales enfermedades en el cuerpo, mejorar las relaciones con los demás, desarrollar una conciencia global más profunda y mucho más.

El estado del sueño es un reino misterioso y fascinante en el que las reglas de la realidad no son aplicables. Este libro es un mapa para que navegues a través del paisaje de los sueños, donde las respuestas a todas las preguntas de la vida te están esperando.

El monstruo es real: Cómo enfrentarte a tus miedos y eliminarlos para siempre
Por Yehudá Berg

¿De qué tienes miedo?

¡Admítelo! En este mismo momento hay algunas cosas (o quizá muchas) que te dan miedo. No importa cuán convincentes tus miedos puedan parecer, este libro te enseñará cómo atacarlos y vencerlos desde su raíz. En El Monstruo es real: Cómo enfrentarte a tus miedos y vencerlos para siempre, Yehudá Berg, autor del éxito de ventas internacional Los 72 Nombres de Dios, revela poderosas y prácticas herramientas kabbalísticas para eliminar las causas internas de nuestros miedos de una vez por todas. Si el miedo, en cualquiera de sus formas, está trayendo dolor a tu vida, prepárate para un gran cambio positivo. Con El monstruo es real, otro libro de la colección Tecnología para el alma, ¡aprenderás a vencer este antiguo y eterno problema para siempre!

El Poder de la Kabbalah
Por Yehudá Berg

Imagina una vida llena de felicidad, propósito y alegría infinitos. Imagina tus días imbuidos de conocimiento y energía. Este es *El Poder de la Kabbalah*. Es el camino que te transporta del placer efímero que la mayoría de la gente experimenta, a la plenitud duradera. Tus deseos más profundos están esperando a ser cumplidos. Y éstos no se limitan al placer temporal que obtienes cuando cierras un importante acuerdo de negocios, ni al goce a corto plazo que te hacen sentir las drogas, ni a una apasionada relación sexual que dura unos pocos meses.

¿Te gustaría experimentar una sensación duradera de plenitud y paz inquebrantables, sin importar lo que suceda a tu alrededor? La promesa de la Kabbalah es la plenitud absoluta. En estas páginas aprenderás a percibir la vida y a navegar por sus aguas de una manera absolutamente novedosa. Entenderás tu misión, y sabrás cómo recibir los abundantes regalos que te están esperando. Si comienzas una transformación fundamental, y pasas de ser reactivo a ser proactivo, aumentarás tu energía creativa, obtendrás el control de tu vida y disfrutarás de unos nuevos niveles espirituales de existencia. Las antiguas enseñanzas de la Kabbalah están arraigadas en la perfecta unión de las leyes físicas y espirituales que ya están operando en tu vida. Prepárate para vivir este emocionante mundo de conciencia, pletórico de sentido y felicidad.

Las maravillas y la sabiduría de la Kabbalah han influido en las ideas espirituales filosóficas, religiosas y científicas de diversos líderes de todo el mundo. Sin embargo, hasta ahora, esa sabiduría ha estado oculta en textos antiguos, disponibles sólo para los eruditos que sabían donde buscarlos. Ahora, después de muchos siglos, El Poder de la Kabbalah está en este valioso libro. Por fin, está aquí el camino simple y completo: una serie de medidas que puedes tomar ahora mismo para crear la vida que deseas y mereces.

Los 72 Nombres de Dios: Tecnología para el Alma™
Por Yehudá Berg

Todos conocemos la historia de Moisés y el Mar Rojo; incluso se hizo una película basada en el tema que ganó un Oscar. Lo que no es tan sabido —nos dice el mundialmente conocido autor Yehudá Berg— es que en esa historia bíblica se encuentra codificada y oculta una verdadera tecnología de vanguardia. Este conjunto de técnicas se llama *Los 72 Nombres de Dios* y es la llave —tu llave— para liberarte de la depresión, el estrés, el estancamiento creativo, el enojo, la enfermedad y otros problemas físicos y emocionales. *Los 72 Nombres de Dios* son la herramienta más acntigua y poderosa de la humanidad, mucho más potente que cualquier otro conocimiento tecnológico puntero cuando se trata de eliminar los residuos de tu vida, para que puedas levantarte y disfrutar de ella todos los días. Este libro propone la solución a todo lo que te aqueja porque actúa a nivel del ADN de tu alma.

El poder de Los 72 Nombres de Dios opera estrictamente a nivel del alma, no a nivel físico. Se trata de espiritualidad, no de religiosidad. En lugar de estar limitada por las diferencias que dividen a las personas, la sabiduría de los Nombres trasciende las disputas milenarias de la humanidad y los sistemas de creencias para tratar con el único vínculo común que unifica a todas las personas y naciones: el alma humana.

Astrología kabbalística y el significado de nuestras vidas
Por Rav Berg

La Kabbalah ofrece la aplicación de la astronomía más antigua y sabia conocida por el hombre. *Astrología kabbalística* es mucho más que un libro de horóscopos: es una herramienta para entender la na-turaleza individual de uno mismo en su nivel más profundo y poner ese conocimiento en práctica en el mundo real. Nos explica por qué el destino no es lo mismo que la predestinación; nos enseña que tenemos muchos futuros posibles y que podemos convertirnos en maestros de nuestro propio destino. También nos revela lo retos a los que te enfrentamos en nuestra encarnación previa y por qué necesitamos superarlos, así como los secretos para encontrar el amor, el éxito y la plenitud espiritual que son únicos para cada persona.

Las Ruedas del Alma
Por Rav Berg

En *Las Ruedas del alma*, el gran Kabbalista Rav Berg revela la clave para responder a éstas y muchas otras preguntas que se encuentran en el corazón de nuestra existencia humana. Específicamente, el Rav Berg nos explica por qué debemos aceptar y explorar las vidas que ya hemos vivido para comprender la vida que lleva-mos hoy.

No te equivoques: *ya has estado aquí antes*. La reencarnación es un hecho, y así como la ciencia está comenzando a aceptar que el tiempo y el espacio podrían no ser más que ilusiones, el Rav Berg muestra por qué la muerte en sí misma es la ilusión más grande de todas.

En este libro podrás aprender mucho más que respuestas a estas preguntas. Comprenderás el verdadero propósito de estar en el mundo y descubrirás las herramientas para identificar a tu alma gemela. Lee *Las Ruedas del alma* y deja que uno de los maestros kabbalísticos más importantes de nuestro tiempo cambie tu vida para siempre.

Prosperidad verdadera
Por Yehudá Berg

Es una revolución disfrazada de libro. Este nuevo volumen del autor de best-sellers Yehudá Berg, basado en las herramientas secretas y la sabiduría de la Kabbalah —la ciencia de la verdad más antigua del mundo—, transforma las verdades máximas del Universo en provechosas herramientas para crear prosperidad. "¿Por qué las personas que obtienen más dinero gracias a los llamados "cursos para hacerse rico" son las que venden esos mismos cursos?", pregunta Berg sin rodeos. "¿Y por qué la gente sigue luchando con angustia en un universo de abundancia?" Y continúa: "¿Por qué las personas exitosas consiguen el éxito a un coste tan alto para su salud, su felicidad y su bienestar?". En respuesta a estos interrogantes, el autor ofrece un derrocamiento radical de todas nuestras ideas convencionales sobre la naturaleza del dinero, del éxito, de la prosperidad y ¡de la realidad! En *Prosperidad Verdadera*, Yehudá Berg presenta una completa técnica para lograr la prosperidad en todos los aspectos de la vida, con la cual aprenderás, paso a paso, un nuevo sistema operativo para tu vida: cómo ser el jefe y no la persona que obedece órdenes en el negocio de tu vida. Es una metodología que podrás aplicar todos los días, cada minuto de tu vida, comenzando ahora, con el propósito de abrir las puertas para que fluya hacia ti el dinero, la felicidad, las relaciones plenas . . . En una palabra: todo lo que deseas.

EL CENTRO DE KABBALAH

El Líder Internacional en la Enseñanza de la Kabbalah

Desde su fundación, el Centro de Kabbalah ha tenido una sola misión: mejorar y transformar las vidas de las personas trayendo el poder y la sabiduría de la Kabbalah a todo el que desee participar de ella.

Gracias a toda una vida de esfuerzos del Rav Berg, su mujer Karen, y el gran linaje espiritual del que son parte, una asombrosa cifra de 3 millones y medio de personas en el mundo ya han sido tocadas por las poderosas enseñanzas de la Kabbalah. ¡Y el número aumenta año tras año!

• • • •

Si este libro te inspiró de alguna forma y te gustaría saber cómo puedes continuar enriqueciendo tu vida a través de la sabiduría de la Kabbalah, puedes hacer lo siguiente:

Llama al 1-800-KABBALAH, donde serás atendido por instructores cualificados disponibles 18 horas al día; personas de gran dedicación que están dispuestas a responder sin ningún cargo todas y cada una de las preguntas que puedas tener acerca de la Kabbalah y a guiarte en tu esfuerzo por aprender más.

Que las palabras de este libro puedan eliminar todo lo que nos bloquea en la búsqueda del alma gemela y así podamos todos manifestar lo que vinimos a hacer al mundo y terminar con la corrección.

Gracias al Rav y Karen, Yehudá y mis maestros por ser mis canales y los de muchos más.

Gracias a mis hijos y a mi mamá por ser parte incondicional de mi proceso.

Gracias a la Luz por darme esta oportunidad.

Corina-Panamá